DHATUPATHA

1943 Roots of Siddhanta Kaumudi

**ORIGINAL SEQUENCE OF DHATUS
WITH TAGS AND ACCENT MARKS
IAST Transliteration of Sanskrit**

SADHVI HEMSWAROOPA
Ashwini Kumar Aggarwal

जय गुरुदेव

ISBN13: 978-93-48012-17-3 Paperback Edition
ISBN13: 978-93-48012-23-4 Hardbound Edition
ISBN13: 978-93-48012-19-7 Digital Edition

Title: Dhatupatha 1943 Roots of Siddhanta Kaumudi
Author: **Ashwini Kumar Aggarwal, Sadhvi Hemswaroopa**

Printed and Published by
Devotees of Sri Sri Ravi Shankar Ashram
34 Sunny Enclave, Devigarh Road,
Patiala 147001, Punjab, Bhārat

https://advaita56.weebly.com/   The Art of Living Centre
https://www.artofliving.org/

Devotees Library Cataloging-in-Publication Data
Aggarwal, Ashwini Kumar. Hemswaroopa, Sadhvi.
Language: English. Thema: CJBG CJPG 4CTM 2BBA
BISAC: LAN024000 LANGUAGE ARTS & DISCIPLINES / Linguistics / Etymology
Keywords: 1) Sanskrit Grammar. 2) Roots of Language. 3) Etymology.
Typeset in 12 Arial Unicode MS

2nd May 2025 Sanyam2 begins with Guruji's Tithi Bday in Dhyan Mandir with Devi Puja. Ardra Nakshatra Adi Shankaracharya Jayanti, Vaishakha Shukla Pancami, Grishma Ritu, Uttarayana.

Vikram Samvat 2082 Siddharthi, Saka Era 1947 Vishvavasu

1st Edition May 2025

जय गुरुदेव

Dedication

H H Sri Sri Ravi Shankar

whose discourse on the Bhagavad Gita is unparalleled

An offering at His Lotus feet

Front Cover Image credits

https://www.pexels.com/photo/black-and-white-typewriter-on-brown-carpet-3945345/

Acknowledgements

Abridged version of our popular title "**Dhatupatha Sanskrit Roots Indexes**". As this book is specifically designed for the native English speaking scholar, hence for clarity, in this version, the Sanskrit Devanagari has been Transliterated to IAST. However the Accented Roots are listed in Devanagari.

Blessing

In Sanskrit, the word for gravity is Guru-tva-karshan. The earth holds us towards itself by the force of gravity. Without this attraction or love, we would have no base or foundation. Similarly, Guru-tva is the basis of our life. The Guru is the guiding light – removing the darkness of ignorance.....

H H Sri Sri Ravi Shankar
7July 2009 Guru Poornima

Prayer

yenākṣarasamāmnāyam adhigamya maheśvarāt |

kṛtsnaṃ vyākaraṇam proktaṃ tasmai pāṇinaye namaḥ ||

By whom the letters were carefully chosen and collected, which were initially produced by Lord Shiva. Who wrote an exhaustive and complete grammar treatise, to that great **Panini** my sincerest obeisance.

vākyakāraṃ vararuciṃ bhāṣyakāraṃ patañjalim |

pāṇiniṃ sūtrakārañca praṇato'smi munitrayam ||

To the explanatory sentences of **Vararuchi**,
the indepth commentary of **Patanjali**, and
the precise verses of **Panini**,
my wholehearted appreciation and fullsome praise.

Table of Contents

Dhatupatha

Dhatupatha of Panini from Siddhanta Kaumudi has Dhatu Serial Number till 1943. However 1081 carkarītaṃ ca is a Ganasutra and not a Dhatu. Hence sum total of Roots is 1942.

1c

1 bhū sattāyām 2 edha vṛddhau 3 spardha saṅgharṣe 4 gādhṛ pratiṣṭhālipsayorgranthe ca 5 bādhṛ viloḍane 6 nāthṛ 7 nādhṛ yācñopatāpaiśvaryāśīṣṣu 8 dadha dhāraṇe 9 skudi āpravaṇe 10 śvidi śvaitye 11 vadi abhivādanastutyoḥ 12 bhadi kalyāṇe sukhe ca 13 madi stutimodamadasvapnakāntigatiṣu 14 spadi kiñcit calane 15 klidi paridevane 16 muda harṣe 17 dada dāne 18 ṣvada 19 svarda āsvādane 20 urda māne krīḍāyāṃ ca 21 kurda 22 khurda 23 gurda 24 guda krīḍāyām eva 25 ṣūda kṣaraṇe 26 hrāda avyakte śabde 27 hlādī sukhe ca 28 svāda āsvādane 29 parda kutsite śabde 30 yatī prayatne 31 yutṛ 32 jutṛ bhāsane 33 vithṛṃ 34 vethṛ yācane 35 śrathi śaithilye 36 grathi kauṭilye 37 kattha ślāghāyām 38 ata sātatyagamane 39 citī saṃjñāne 40 cyutir āsecane 41 ścyutir kṣaraṇe 42 mantha viloḍane 43 kuthi 44 puthi 45 luthi 46 mathi hiṃsāsaṅkleśanayoḥ 47 ṣidha gatyām 48 ṣidhū śāstre māṅgalye ca 49 khādṛ bhakṣaṇe 50 khada sthairye hiṃsāyāṃ ca 51 bada sthairye 52 gada vyaktāyāṃ vāci 53 rada vilekhane 54 ṇada avyakte śabde 55 arda gatau yācane ca 56 narda 57 garda śabde 58 tarda hiṃsāyām 59 karda kutsite śabde 60 kharda dandaśūke 61 ati 62 adi bandhane 63 idi paramaiśvarye

64 bidi avayave 65 gaḍi vadanaikadeśe 66 ṇidi kutsāyām 67 ṭunadi samṛddhau 68 cadi āhlādane dīptau ca 69 tradi ceṣṭāyām 70 kadi 71 kradi 72 kladi āhvāne rodane ca 73 klidi paridevane 74 śundha śuddhau 75 śīkṛ secane 76 lokṛ darśane 77 ślokṛ saṅghāte 78 drekṛ 79 dhrekṛ śabdotsāhayoḥ 80 rekṛ śaṅkāyām 81 sekṛ 82 srekṛ 83 sraki 84 śraki 85 ślaki gatau 86 śaki śaṅkāyām 87 aki lakṣaṇe 88 vaki kauṭilye 89 maki maṇḍane 90 kaka laulye 91 kuka 92 vṛka ādāne 93 caka tṛptau pratighāte ca 94 kaki 95 vaki 96 śvaki 97 traki 98 ḍhaukṛ 99 traukṛ 100 ṣvaṣka 101 vaska 102 maska 103 ṭikṛ 104 ṭīkṛ 105 tikṛ 106 tīkṛ 107 raghi 108 laghi gatyarthāḥ 109 aghi 110 vaghi 111 maghi gatyākṣepe 112 rāghṛ 113 lāghṛ 114 drāghṛ sāmarthye 115 ślāghṛ katthane 116 phakka nīcairgatau 117 taka hasane 118 taki kṛcchrajīvane 119 bukka bhaṣaṇe 120 kakha hasane 121 okhṛ 122 rākhṛ 123 lākhṛ 124 drākhṛ 125 dhrākhṛ śoṣaṇālamarthayoḥ 126 śākhṛ 127 ślākhṛ vyāptau 128 ukha 129 ukhi 130 vakha 131 vakhi 132 makha 133 makhi 134 ṇakha 135 ṇakhi 136 rakha 137 rakhi 138 lakha 139 lakhi 140 ikha 141 ikhi 142 īkhi 143 valga 144 ragi 145 lagi 146 agi 147 vagi 148 magi 149 tagi 150 tvagi 151 śragi 152 ślagi 153 igi 154 rigi 155 ligi gatyarthāḥ 156 yugi 157 jugi 158 bugi varjane 159 ghagha hasane 160 maghi maṇḍane 161 śighi āghrāṇe 162 varca dīptau 163 ṣaca secane sevane ca 164 locṛ darśane 165 śaca vyaktāyāṃ vāci 166 śvaca 167 śvaci gatau 168 kaca bandhane 169 kaci 170 kāci dīptibandhanayoḥ 171 maca 172 muci kalkane 173 maci dhāraṇocchrāyapūjaneṣu 174 paci

vyaktīkaraṇe 175 ṣṭuca prasāde 176 ṛja

gatisthānārjanopārjaneṣu 177 ṛji 178 bhṛjī bharjane 179 ejṛ 180

bhrejṛ 181 bhrājṛ dīptau 182 īja gatikutsanayoḥ 183 śuca śoke

184 kuca śabde tāre 185 kuñca 186 kruñca kauṭilyālpībhāvayoḥ

187 luñca apanayane 188 añcu gatipūjanayoḥ 189 vañcu 190

cañcu 191 tañcu 192 tvañcu 193 mruñcu 194 mluñcu 195

mrucu 196 mlucu gatyarthāḥ 197 grucu 198 glucu 199 kuju 200

khuju steyakaraṇe 201 gluñcu 202 ṣasja gatau 203 guji avyakte

śabde 204 arca pūjāyām 205 mlecha avyakte śabde 206 lacha

207 lāchi lakṣaṇe 208 vāchi icchāyām 209 āchi āyāme 210

hrīcha lajjāyām 211 hurchā kauṭilye 212 murchā

mohasamucchrāyayoḥ 213 sphurchā vistṛtau 214 yucha

pramāde 215 uchi uñche 216 uchī vivāse 217 dhraja 218 dhraji

219 dhṛja 220 dhṛji 221 dhvaja 222 dhvaji gatau 223 kūja

avyakte śabde 224 arja 225 ṣarja arjane 226 garja śabde 227

tarja bhartsane 228 karja vyathane 229 kharja pūjane ca 230

aja gatikṣepaṇayoḥ 231 teja pālane 232 khaja manthe 233

khaji gativaikalye 234 ejṛ kampane 235 ṭuosphūrjā

vajranirghoṣe 236 kṣi kṣaye 237 kṣīja avyakte śabde 238 laja

239 laji bhartsane 240 lāja 241 lāji bharjane ca 242 jaja 243 jaji

yuddhe 244 tuja hiṃsāyām 245 tuji pālane 246 gaja 247 gaji

248 gṛja 249 gṛji 250 muja 251 muji śabdārthāḥ 252 vaja 253

vraja gatau 254 aṭṭa atikramahiṃsanayoḥ 255 veṣṭa veṣṭane

256 ceṣṭa ceṣṭāyām 257 goṣṭa 258 loṣṭa saṅghāte 259 ghaṭṭa

calane 260 sphuṭa vikasane 261 aṭhi gatau 262 vaṭhi

ekacaryāyām 263 maṭhi 264 kaṭhi śoke 265 muṭhi pālane 266

heṭha vibādhāyām 267 eṭha ca 268 hiḍi gatyanādarayoḥ 269 huḍi saṃghāte 270 kuḍi dāhe 271 vaḍi vibhājane 272 maḍi ca 273 bhaḍi paribhāṣaṇe 274 piḍi saṅghāte 275 muḍi mārjane 276 tuḍi toḍane 277 huḍi varaṇe 278 caḍi kope 279 śaḍi rujāyāṃ saṅghāte ca 280 taḍi tāḍane 281 paḍi gatau 282 kaḍi made 283 khaḍi manthe 284 heḍṛ 285 hoḍṛ anādare 286 bāḍṛ āplāvye 287 drāḍṛ 288 dhrāḍṛ viśaraṇe 289 śāḍṛ ślāghāyām 290 śautṛ garve 291 yautṛ bandhe 292 mletṛ 293 mreḍṛ unmāde 294 kaṭe varṣāvaraṇayoḥ 295 aṭa 296 paṭa gatau 297 raṭa paribhāṣaṇe 298 laṭa bālye 299 śaṭa rujāviśaraṇagatyavasādaneṣu 300 vaṭa veṣṭane 301 kiṭa 302 khiṭa trāse 303 śiṭa 304 ṣiṭa anādare 305 jaṭa 306 jhaṭa saṅghāte 307 bhaṭa bhṛtau 308 taṭa ucchrāye 309 khaṭa kāṅkṣāyām 310 naṭa nṛttau 311 piṭa śabdasaṅghātayoḥ 312 haṭa dīptau 313 ṣaṭa avayave 314 luṭa viloḍane 315 ciṭa parapreṣye 316 viṭa śabde 317 biṭa ākrośe 318 iṭa 319 kiṭa 320 kaṭī gatau 321 maḍi bhūṣāyām 322 kuḍi vaikalye 323 muḍa 324 pruḍa mardane 325 cuḍi alpībhāve 326 muḍi khaṇḍane 327 ruṭi 328 luṭi steye 329 sphuṭir viśaraṇe 330 paṭha vyaktāyāṃ vāci 331 vaṭha sthaulye 332 maṭha madanivāsayoḥ 333 kaṭha kṛcchrajīvane 334 raṭa paribhāṣaṇe 335 haṭha plutiśaṭhatvayoḥ 336 ruṭha 337 luṭha 338 uṭha upaghāte 339 piṭha hiṃsāsaṅkleśanayoḥ 340 śaṭha kaitave ca 341 śuṭha gatipratighāte 342 kuṭhi ca 343 luṭhi ālasye pratighāte ca 344 śuṭhi śoṣaṇe 345 ruṭhi 346 luṭhi gatau 347 cuḍḍa bhāvakaraṇe 348 aḍḍa abhiyoge 349 kaḍḍa kārkaśye 350 krīḍṛ vihāre 351 tuḍṛ toḍane 352 huḍṛ 353 hūḍṛ 354 hoḍṛ gatau 355 rauḍṛ anādare 356 roḍṛ 357 loḍṛ unmāde 358 aḍa udyame 359 laḍa vilāse 360 kaḍa made 361 gaḍi vadanaikadeśe 362 tipṛ 363 tepṛ 364 ṣṭipṛ 365 ṣṭepṛ kṣaraṇārthāḥ 366 glepṛ dainye 367 ṭuvepṛ kampane 368 kepṛ 369 gepṛ 370 glepṛ ca 371 mepṛ 372 repṛ 373 lepṛ gatau 374 trapūṣ lajjāyām 375 kapi calane 376 rabi 377 labi 378 abi śabde 379 labi avasraṃsane ca 380 kabṛ varṇe 381 klībṛ adhāṣṭarye 382 kṣībṛ made 383 śībhṛ katthane 384 cībhṛ ca 385 rebhṛ śabde 386 ṣṭabhi 387 skabhi pratibandhe 388 jabhī 389 jṛbhi gātravināme 390 śalbha katthane 391 valbha bhojane 392 galbha dhāṣṭarye 393 śrambhu pramāde 394 ṣṭubhu stambhe 395 gupū rakṣaṇe 396 dhūpa santāpe 397 japa 398 jalpa vyaktāyāṃ vāci 399 capa sāntvane 400 ṣapa samavāye 401 rapa 402 lapa vyaktāyāṃ vāci 403 cupa mandāyāṃ gatau 404 tupa 405 tumpa 406 trupa 407 trumpa 408 tupha 409 tumpha 410 trupha 411 trumpha hiṃsārthāḥ 412 parpa 413 rapha 414 raphi 415 arba 416 parba 417 larba 418 barba 419 marba 420 karba 421 kharba 422 garba 423 śarba 424 ṣarba 425 carba gatau 426 kubi ācchādane 427 lubi 428 tubi ardane 429 cubi vaktrasaṃyoge 430 ṣṛbhu 431 sṛmbhu hiṃsārthau 432 śubha 433 śumbha bhāṣaṇe । bhāsana ityeke 434 ghiṇi 435 ghuṇi 436 ghṛṇi grahaṇe 437 ghuṇa 438 ghūrṇa bhramaṇe 439 paṇa vyavahāre stutau ca 440 pana ca 441 bhāma krodhe 442 kṣamūṣ sahane 443 kamu kāntau 444 aṇa 445 raṇa 446 vaṇa 447 bhaṇa 448 maṇa 449 kaṇa 450 kvaṇa 451 vraṇa 452 bhraṇa 453 dhvaṇa śabdārthāḥ 454 oṇṛ apanayane 455 śoṇṛ varṇagatyoḥ 456

śroṇṛ saṅghāte 457 śloṇṛ ca 458 paiṇṛ gatipreraṇaśleṣaṇeṣu

459 dhraṇa śabde 460 kanī dīptikāntigatiṣu 461 ṣṭana 462 vana

śabde 463 vana 464 ṣaṇa sambhaktau 465 ama gatyādiṣu 466

drama 467 hamma 468 mīmṛ gatau 469 camu 470 chamu 471

jamu 472 jhamu adane 473 kramu pādavikṣepe 474 aya 475

vaya 476 paya 477 maya 478 caya 479 taya 480 ṇaya gatau

481 daya dānagatirakṣaṇahiṃsādāneṣu 482 raya gatau 483 ūyī

tantusantāne 484 pūyī viśaraṇe durgandhe ca 485 knūyī śabde

undane ca 486 kṣmāyī vidhūnane 487 sphāyī 488 opyāyī

vṛddhau 489 tāyṛ santānapālanayoḥ 490 śala

calanasaṃvaraṇayoḥ 491 vala 492 valla saṃvaraṇe sañcaraṇe

ca 493 mala 494 malla dhāraṇe 495 bhala 496 bhalla

paribhāṣaṇahiṃsādāneṣu 497 kala śabdasaṅkhyānayoḥ 498

kalla avyakte śabde 499 tevṛ 500 devṛ devane 501 ṣevṛ 502

gevṛ 503 glevṛ 504 pevṛ 505 mevṛ 506 mlevṛ sevane 507 revṛ

plavagatau 508 mavya bandhane 509 sūrkṣya 510 īrkṣya 511

īrṣya īṣyārthāḥ 512 haya gatau 513 śucya abhiṣave 514 harya

gatikāntyoḥ 515 ala bhūṣaṇaparyāptivāraṇeṣu 516 ñiphalā

viśaraṇe 517 mīla 518 śmīla 519 smīla 520 kṣmīla nimeṣaṇe

521 pīla pratiṣṭambhe 522 ṇīla varṇe 523 śīla samādhau 524

kīla bandhane 525 kūla āvaraṇe 526 śūla rujāyāṃ saṅghoṣe ca

527 tūla niṣkarṣe 528 pūla saṅghāte 529 mūla pratiṣṭhāyām

530 phala niṣpattau 531 culla bhāvakaraṇe 532 phulla vikasane

533 cilla śaithilye bhāvakaraṇe ca 534 tila gatau 535 velṛ 536

celṛ 537 kelṛ 538 khelṛ 539 kṣvelṛ 540 vella calane 541 pelṛ 542 pheḷ 543 śelṛ gatau 544 skhala sañcalane 545 khala sañcaye 546 gala adane 547 ṣala gatau 548 dala viśaraṇe 549 śvala 550 śvalla āśugamane 551 kholṛ 552 khorṛ gatipratighāte 553 dhorṛ gaticāturye 554 tsara chadmagatau 555 kmara hūrcchane 556 abhra 557 vabhra 558 mabhra 559 cara gatyarthāḥ 560 sṭhivu nirasane 561 ji jaye 562 jīva prāṇadhāraṇe 563 pīva 564 mīva 565 tīva 566 ṇīva sthaulye 567 kṣīvu 568 kṣevu nirasane 569 urvī 570 turvī 571 thurvī 572 durvī 573 dhurvī hiṃsārthāḥ 574 gurvī udyamane 575 murvī bandhane 576 purva 577 parva 578 marva pūraṇe 579 carva adane 580 bharva hiṃsāyām 581 karva 582 kharva 583 garva darpe 584 arva 585 śarva 586 ṣarva hiṃsāyām 587 ivi vyāptau 588 pivi 589 mivi 590 ṇivi secane 591 hivi 592 divi 593 dhivi 594 jivi prīṇanārthāḥ 595 rivi 596 ravi 597 dhavi gatyarthāḥ 598 kṛvi hiṃsākaraṇayośca 599 mava bandhane 600 ava rakṣaṇagatikāntiprītitṛptyavagamapraveśaśravaṇasvāmyarthay ācanakriyecchādīptyavāptyāliṅganahiṃsā- dānabhāgavṛddhiṣu 601 dhāvu gatiśuddhyoḥ 602 dhukṣa 603 dhikṣa sandīpanakleśanajīvaneṣu 604 vṛkṣa varaṇe 605 śikṣa vidyopādāne 606 bhikṣa bhikṣāyāmalābhe lābhe ca 607 kleśa avyaktāyāṃ vāci 608 dakṣa vṛddhau śīghrārthe ca 609 dīkṣa mauṇḍyejyopanayananiyamavratādeśeṣu 610 īkṣa darśane 611 īṣa gatihiṃsādarśaneṣu 612 bhāṣa vyaktāyāṃ vāci 613 varṣa snehane 614 geṣṛ anvicchāyām 615 peṣṛ prayatne 616 jeṣṛ 617 ṇeṣṛ 618 eṣṛ 619 preṣṛ gatau 620 reṣṛ 621 heṣṛ 622 hreṣṛ avyakte śabde 623 kāsṛ śabdakutsāyām 624 bhāsṛ dīptau

625 ṇāsṛ 626 rāsṛ śabde 627 ṇasa kauṭilye 628 bhyasa bhaye
629 āṅahśasi icchāyām 630 grasu 631 glasu adane 632 īha
ceṣṭāyām 633 bahi 634 mahi vṛddhau 635 ahi gatau 636 garha
637 galha kutsāyām 638 barha 639 balha prādhānye 640 varha
641 valha paribhāṣaṇahiṃsācchādaneṣu 642 pliha gatau 643
vehṛ 644 jehṛ 645 vāhṛ prayatne 646 drāhṛ nidrākṣaye 647 kāśṛ
dīptau 648 ūha vitarke 649 gāhū viloḍane 650 gṛhū grahaṇe
651 glaha ca 652 ghuṣi kāntikaraṇe 653 ghuṣir aviśabdane 654
akṣū vyāptau 655 takṣū 656 tvakṣū tanūkaraṇe 657 ukṣa
secane 658 rakṣa pālane 659 ṇikṣa cumbane 660 tṛkṣa (trakṣa)
661 ṣṭrakṣa 662 ṇakṣa gatau 663 vakṣa roṣe 664 mṛkṣa
saṅghāte 665 takṣa tvacane 666 sūrkṣa ādare 667 kākṣi 668
vākṣi 669 mākṣi kāṅkṣāyām 670 drākṣi 671 dhrākṣi 672
dhvākṣi ghoravāsite ca 673 cūṣa pāne 674 tūṣa tuṣṭau 675
pūṣa vṛddhau 676 mūṣa steye 677 lūṣa 678 rūṣa bhūṣāyām
679 śūṣa prasave 680 yūṣa hiṃsāyām 681 jūṣa ca 682 bhūṣa
alaṅkāre 683 ūṣa rujāyām 684 īṣa uñche 685 kaṣa 686 khaṣa
687 śiṣa 688 jaṣa 689 jhaṣa 690 śaṣa 691 vaṣa 692 maṣa 693
ruṣa 694 riṣa hiṃsārthāḥ 695 bhaṣa bhartsane 696 uṣa dāhe
697 jiṣu 698 viṣu 699 miṣu secane 700 puṣa puṣṭau 701 śriṣu
702 śliṣu 703 pruṣu 704 pluṣu dāhe 705 pṛṣu 706 vṛṣu 707
mṛṣu secane 708 ghṛṣu saṅgharṣe 709 hṛṣu alīke 710 tusa 711
hrasa 712 hlasa 713 rasa śabde 714 lasa śleṣaṇakrīḍanayoḥ
715 ghasḷ adane 716 jarja 717 carca 718 jharjha
paribhāṣaṇahiṃsātarjaneṣu 719 pisṛ 720 pesṛ gatau 721 hase
hasane 722 ṇiśa samādhau 723 miśa 724 maśa śabde roṣakṛte

ca 725 śava gatau 726 śaśa plutagatau 727 śasu hiṃsāyām 728 śaṃsu stutau 729 caha parikalkane 730 maha pūjāyām 731 raha tyāge 732 rahi gatau 733 dṛha 734 dṛhi 735 bṛha 736 bṛhi vṛddhau 737 tuhir 738 duhir 739 uhir ardane 740 arha pūjāyām 741 dyuta dīptau 742 śvitā varṇe 743 ñimidā snehane 744 ñiṣvidā snehanamocanayoḥ 745 ruca dīptāvabhiprītau ca 746 ghuṭa parivartane 747 ruṭa 748 luṭa 749 luṭha pratīghāte 750 śubha dīptau 751 kṣubha sañcalane 752 ṇabha 753 tubha himsāyām 754 sraṃsu avasraṃsane 755 dhvaṃsu 756 bhraṃsu avasraṃsane 757 srambhu viśvāse 758 vṛtu vartane 759 vṛdhu vṛddhau 760 śṛdhu śabdakutsāyām 761 syandū prasravaṇe 762 kṛpū sāmarthye 763 ghaṭa ceṣṭāyām 764 vyatha bhayasañcalanayoḥ 765 pratha prakhyāne 766 prasa vistāre 767 mrada mardane 768 skhada skhadane 769 kṣaji gatidānayoḥ 770 dakṣa gatihiṃsanayoḥ 771 krapa kṛpāyāṃ gatau ca 772 kadi 773 kradi 774 kladi vaiklabye 775 ñitvarā sambhrame 776 jvara roge 777 gaḍa secane 778 heḍa veṣṭane 779 vaṭa 780 bhaṭa paribhāṣaṇe 781 ṇaṭa nṛttau 782 ṣṭaka pratighāte 783 caka tṛptau 784 kakhe hasane 785 rage śaṅkāyām 786 lage saṅge 787 hrage 788 hlage 789 ṣage 790 ṣṭage saṃvaraṇe 791 kage nocyate 792 aka 793 aga kuṭilāyāṃ gatau 794 kaṇa 795 raṇa gatau 796 caṇa 797 śaṇa 798 śraṇa dāne ca 799 śratha 800 ślatha (knatha) 801 kratha 802 klatha himsārthāḥ 803 vana ca 804 jvala dīptau 805 hvala 806 hmala calane 807 smṝ ādhyāne 808 dṝ bhaye 809 nṝ naye 810 śrā pāke 811 māraṇatoṣaṇaniśāmaneṣu jñā 812 kampane caliḥ

813 chadiḥ ūrjane 814 jihvonmathane laḍiḥ 815 madī
harṣaglepanayoḥ 816 dhvana śabde 817 svana avataṃsane
818 śamo darśane 819 yamo'pariveṣaṇe 820 skhadir
avaparibhyāṃ ca 821 phaṇa gatau 822 rājṛ dīptau 823 ṭubhrājṛ
824 ṭubhrāśṛ 825 ṭubhlāśṛ dīptau 826 syamu 827 svana 828
dhvana śabde 829 ṣama 830 ṣṭama avaikalye 831 jvala dīptau
832 cala kampane 833 jala ghātane 834 ṭala 835 ṭvala
vaiklavye 836 ṣṭhala sthāne 837 hala vilekhane 838 ṇala
gandhe 839 pala gatau 840 bala prāṇane dhānyāvarodhane ca
841 pula mahattve 842 kula saṃstyāne bandhuṣu ca 843 śala
844 hula 845 paṭl gatau 846 kvathe niṣpāke 847 pathe gatau
848 mathe viloḍane 849 ṭuvama udgiraṇe 850 bhramu calane
851 kṣara sañcalane 852 ṣaha marṣaṇe 853 ramu krīḍāyām
854 śadl viśaraṇagatyavasādaneṣu 855 śadl śātane 856 kruśa
āhvāne rodane ca 857 kuca
samparcanakauṭilyapratiṣṭhambhavilekhaneṣu 858 budha
avagamane 859 ruha bījajanmani prādurbhāve ca 860 kasa
gatau 861 hikka avyakte śabde 862 añcu gatau yācane ca 863
ṭuyācṛ yācñāyām 864 reṭṛ paribhāṣaṇe 865 cate 866 cade
yācane 867 prothṛ paryāptau 868 midṛ 869 medṛ
medhāhiṃsanayoḥ 870 medhṛ saṅgame ca 871 ṇidṛ 872 ṇedṛ
kutsāsannikarṣayoḥ 873 śṛdhu 874 mṛdhu undane 875 budhir
bodhane 876 ubundir niśāmane 877 veṇṛ
gatijñānacintāniśāmanavāditragrahaṇeṣu 878 khanu avadāraṇe
879 cīvṛ ādānasaṃvaraṇayoḥ 880 cāyṛ pūjāniśāmanayoḥ 881
vyaya gatau 882 dāśṛ dāne 883 bheṣṛ bhaye 884 bhreṣṛ 885

bhleṣṛ gatau 886 asa gatidīptyādāneṣu 887 spaśa bādhanasparśanayoḥ 888 laṣa kāntau 889 caṣa bhakṣaṇe 890 chaṣa hiṃsāyām 891 jhaṣa ādānasaṃvaraṇayoḥ 892 bhrakṣa 893 bhlakṣa adane 894 dāsṛ dāne 895 māhṛ māne 896 guhū saṃvaraṇe 897 śriñ sevāyām 898 bhṛñ bharaṇe 899 hṛñ haraṇe 900 dhṛñ dhāraṇe 901 ṇīñ prāpaṇe 902 dheṭ pāne 903 glai 904 mlai harṣakṣaye 905 dyai nyakkaraṇe 906 drai svapne 907 dhrai tṛptau 908 dhyai cintāyām 909 rai śabde 910 styai 911 ṣṭyai śabdasaṅghātayoḥ 912 khai khadane 913 kṣai 914 jai 915 ṣai kṣaye 916 kai 917 gai śabde 918 śai 919 śrai pāke 920 pai 921 ovai śoṣaṇe 922 ṣṭai 923 ṣṇai veṣṭane 924 daip śodhane 925 pā pāne 926 ghrā gandhopādāne 927 dhmā śabdāgnisaṃyogayoḥ 928 ṣṭhā gatinivṛttau 929 mnā abhyāse 930 dāṇ dāne 931 hvṛ kauṭilaye 932 svṛ śabdopatāpayoḥ 933 smṛ cintāyām 934 hvṛ saṃvaraṇe 935 sṛ gatau 936 ṛ gatiprāpaṇayoḥ 937 gṛ 938 ghṛ secane 939 dhvṛ hūrcchane 940 sru gatau 941 ṣu prasavaiśvaryayoḥ 942 śru śravaṇe 943 dhru sthairye 944 du 945 dru gatau 946 ji 947 jri abhibhave 948 smiṅ īṣaddhasane 949 guṅ avyakte śabde 950 gāṅ gatau 951 kuṅ 952 ghuṅ 953 uṅ 954 ṅuṅ śabde 955 cyuṅ 956 jyuṅ 957 pruṅ 958 pluṅ gatau 959 ruṅ gatireṣaṇayoḥ 960 dhṛṅ avadhvaṃsane 961 meṅ praṇidāne 962 deṅ rakṣaṇe 963 śyaiṅ gatau 964 pyaiṅ vṛddhau 965 traiṅ pālane 966 pūṅ pavane 967 mūṅ bandhane 968 ḍīṅ vihāyasā gatau 969 tṛ plavanataraṇayoḥ 970 gupa gopane 971 tija niśāne 972 māna pūjāyām 973 badha bandhane 974 rabha rābhasye 975 ḍulabhaṣ prāptau 976 ṣvañja pariṣvaṅge 977 hada

purīṣotsarge 978 ñiṣvidā avyakte śabde 979 skandir

gatiśoṣaṇayoḥ 980 yabha maithune 981 ṇama prahvatve śabde

ca 982 gamḷ 983 sṛpḷ gatau 984 yama uparame 985 tapa

santāpe 986 tyaja hānau 987 ṣañja saṅge 988 dṛśir prekṣaṇe

989 daṃśa daśane 990 kṛṣa vilekhane 991 daha bhasmīkaraṇe

992 miha secane 993 kita nivāse rogāpanayane ca 994 dāna

khaṇḍane 995 śāna tejane 996 ḍupacaṣ pāke 997 ṣaca

samavāye 998 bhaja sevāyām 999 rañja rāge 1000 śapa

ākrośe 1001 tviṣa dīptau 1002 yaja

devapūjāsaṅgatikaraṇadāneṣu 1003 ḍuvapa bījasantāne 1004

vaha prāpaṇe 1005 vasa nivāse 1006 veñ tantusantāne 1007

vyeñ saṃvaraṇe 1008 hveñ spardhāyāṃ śabde ca 1009 vada

vyaktāyāṃ vāci 1010 ṭuośvi gativṛddhyoḥ

2c

1011 ada bhakṣaṇe 1012 hana hiṃsāgatyoḥ 1013 dviṣa aprītau

1014 duha prapūraṇe 1015 diha upacaye 1016 liha āsvādane

1017 cakṣiṅ vyaktāyāṃ vāci 1018 īra gatau kampane ca 1019

īḍa stutau 1020 īśa aiśvarye 1021 āsa upaveśane 1022 āṅaḥ

śāsu icchāyām 1023 vasa ācchādane 1024 kasi gatiśāsanayoḥ

1025 ṇisi cumbane 1026 ṇiji śuddhau 1027 śiji avyakte śabde

1028 piji varṇe 1029 vṛjī varjane 1030 pṛcī samparcane 1031

ṣūṅ prāṇigarbhavimocane 1032 śīṅ svapne 1033 yu

miśraṇe'miśraṇe ca 1034 ru śabde 1035 ṇu stutau 1036 ṭukṣu

śabde 1037 kṣṇu tejane 1038 ṣṇu prasravaṇe 1039 ūrṇuñ

ācchādane 1040 dyu abhigamane 1041 ṣu prasavaiśvaryayoḥ

1042 ku śabde 1043 ṣṭuñ stutau 1044 brūñ vyaktāyāṃ vāci 1045 iṇ gatau 1046 iṅ adhyayane 1047 ik smaraṇe 1048 vī gativyāptiprajanakāntyasanakhādaneṣu 1049 yā prāpaṇe 1050 vā gatigandhanayoḥ 1051 bhā dīptau 1052 ṣṇā śauce 1053 śrā pāke 1054 drā kutsāyāṃ gatau 1055 psā bhakṣaṇe 1056 pā rakṣaṇe 1057 rā dāne 1058 lā ādāne 1059 dāp lavane 1060 khyā prakathane 1061 prā pūraṇe 1062 mā māne 1063 vaca paribhāṣaṇe 1064 vida jñāne 1065 asa bhuvi 1066 mṛjū śuddhau 1067 rudir aśruvimocane 1068 ñiṣvapa śaye 1069 śvasa prāṇane 1070 ana ca 1071 jakṣa bhakṣahasanayoḥ 1072 jāgṛ nidrākṣaye 1073 daridrā durgatau 1074 cakāsṛ dīptau 1075 śāsu anuśiṣṭau 1076 dīdhīṅ dīptidevanayoḥ 1077 vevīṅ vetinā tulye 1078 ṣasa 1079 ṣasti svapne 1080 vaśa kāntau

1081 carkarītaṃ ca Ganasutra. Defines yaṅ-luk ı A Root ending in yaṅ-luk is also considered to belong to 2c and takes Parasmaipada affixes. Grammarians before Panini had named these Secondary Roots as carkarīta Roots. So Panini placed this word carkarīta here to indicate that the Ashtadhyayi Sutra. 2.4.72 adiprabhṛtibhyaḥ śapaḥ applies to such yaṅluganta Roots. Even though it is a Ganasutra and not a Dhatusutra, still the Siddhanta Kaumudi has given it a Dhatu Number ! 1082 hnuṅ apanayane

3c

1083 hu dānādanayoḥ 1084 ñibhī bhaye 1085 hrī lajjāyām 1086 pṝ pālanapūraṇayoḥ 1087 ḍubhṛñ dhāraṇapoṣaṇayoḥ 1088 māṅ māne śabde ca 1089 ohāṅ gatau 1090 ohāk tyāge 1091 ḍudāñ dāne 1092 ḍudhāñ dhāraṇapoṣaṇayoḥ 1093 ṇijir śaucapoṣaṇayoḥ 1094 vijir pṛthagbhāve 1095 viṣḷ vyāptau 1096 ghṛ kṣaraṇadīptyoḥ 1097 hṛ prasahyakaraṇe 1098 ṛ 1099 sṛ

gatau 1100 bhasa bhartsanadīptyoḥ 1101 ki jñāne 1102 tura

tvaraṇe 1103 dhiṣa śabde 1104 dhana dhānye 1105 jana

janane 1106 gā stutau

4c

1107 divu

krīḍāvijigīṣāvyavahāradyutistutimodamadasvapnakāntigatiṣu

1108 ṣivu tantusantāne 1109 srivu gatiśoṣaṇayoḥ 1110 ṣṭhivu

nirasane 1111 ṣṇusu adane 1112 ṣṇasu nirasane 1113 knasu

hvaraṇadīptyoḥ 1114 vyuṣa dāhe 1115 pluṣa ca 1116 nṛtī

gātravikṣepe 1117 trasī udvege 1118 kutha pūtībhāve 1119

putha hiṃsāyām 1120 gudha pariveṣṭane 1121 kṣipa preraṇe

1122 puṣpa vikasane 1123 tima 1124 ṣṭima 1125 ṣṭīma

ārdrībhāve 1126 vrīḍa codane lajjāyāṃ ca 1127 iṣa gatau 1128

ṣaha 1129 ṣuha cakyarthe 1130 jṝṣ 1131 jhṝṣ vayohānau 1132

ṣūṅ prāṇiprasave 1133 dūṅ paritāpe ı 1134 dīṅ kṣaye 1135 ḍīṅ

vihāyasā gatau 1136 dhīṅ ādhāre 1137 mīṅ hiṃsāyām 1138 rīṅ

śravaṇe 1139 līṅ śleṣaṇe 1140 vrīṅ vṛṇotyarthe 1141 pīṅ pāne

1142 māṅ māne 1143 īṅ gatau 1144 prīṅ prītau 1145 śo

tanūkaraṇe 1146 cho chedane 1147 ṣo antakarmaṇi 1148 do

avakhaṇḍane 1149 janī prādurbhāve 1150 dīpī dīptau 1151 pūrī

āpyāyane 1152 tūrī gatitvaraṇahiṃsanayoḥ 1153 dhūrī 1154

gūrī hiṃsāgatyoḥ 1155 ghūrī 1156 jūrī hiṃsāvayohānyoḥ 1157

śūrī hiṃsāstambhanayoḥ 1158 cūrī dāhe 1159 tapa aiśvarye vā

1160 vṛtu varaṇe 1161 kliśa upatāpe 1162 kāśṛ dīptau 1163

vāśṛ śabde 1164 mṛṣa titikṣāyām 1165 īśucir pūtībhāve ı 1166 ṇaha bandhane 1167 rañja rāge 1168 śapa ākrośe 1169 pada gatau 1170 khida dainye 1171 vida sattāyām 1172 budha avagamane 1173 yudha samprahāre 1174 anorudha kāme 1175 aṇa prāṇane 1176 mana jñāne 1177 yuja samādhau 1178 sṛja visarge 1179 liśa alpībhāve 1180 rādho'karmakād vṛddhāveva 1181 vyadha tāḍane 1182 puṣa puṣṭau 1183 śuṣa śoṣaṇe 1184 tuṣa prītau 1185 duṣa vaikṛtye 1186 śliṣa āliṅgane 1187 śaka vibhāṣito marṣaṇe 1188 ṣvidā gātraprakṣaraṇe 1189 krudha krodhe 1190 kṣudha bubhukṣāyām 1191 śudha śauce 1192 ṣidhu saṃrāddhau 1193 radha hiṃsāsaṃrāddhyoḥ 1194 ṇaśa adarśane 1195 tṛpa prīṇane 1196 dṛpa harṣamohanayoḥ 1197 druha jighāṃsāyām 1198 muha vaicitye 1199 ṣṇuha udgiraṇe 1200 ṣṇiha prītau 1201 śamu upaśame 1202 tamu kāṅkṣāyām 1203 damu upaśame 1204 śramu tapasi khede ca 1205 bhramu anavasthāne 1206 kṣamū sahane 1207 klamu glānau 1208 madī harṣe 1209 asu kṣepaṇe 1210 yasu prayatne 1211 jasu mokṣaṇe 1212 tasu upakṣaye 1213 dasu ca 1214 vasu stambhe 1215 vyuṣa vibhāge 1216 pluṣa dāhe 1217 bisa preraṇe 1218 kusa saṃśleṣaṇe 1219 busa utsarge 1220 musa khaṇḍane 1221 masī pariṇāme 1222 luṭha (luṭa) viloḍane 1223 uca samavāye 1224 bhṛśu 1225 bhraṃśu adhaḥpatane 1226 vṛśa varaṇe 1227 kṛśa tanūkaraṇe 1228 ñitṛṣā pipāsāyām 1229 hṛṣa tuṣṭau 1230 ruṣa 1231 riṣa hiṃsāyām 1232 ḍipa kṣepe 1233 kupa krodhe 1234 gupa vyākulatve 1235 yupa 1236 rupa 1237 lupa vimohane 1238 lubha gārdhye 1239 kṣubha sañcalane 1240 ṇabha 1241 tubha

hiṃsāyām 1242 klidū ārdrībhāve 1243 ñimidā snehane 1244
ñikṣvidā snehanamocanayoḥ 1245 ṛdhu vṛddhau 1246 gṛdhu
abhikāṅkṣāyām

5c

1247 ṣuñ abhiṣave 1248 ṣiñ bandhane 1249 śiñ niśāne 1250
ḍumiñ prakṣepaṇe 1251 ciñ cayane 1252 stṛñ ācchādane 1253
kṛñ hiṃsāyām 1254 vṛñ varaṇe 1255 dhuñ kampane 1256 ṭudu
upatāpe 1257 hi gatau vṛddhau ca 1258 pṛ prītau 1259 spṛ
prītipālanayoḥ 1260 āpḷ vyāptau 1261 śakḷ śaktau 1262 rādha
1263 sādha saṃsiddhau 1264 aśū vyāptau saṅghāte ca 1265
ṣṭigha āskandane 1266 tika 1267 tiga gatau ca 1268 ṣagha
hiṃsāyām 1269 ñidhṛṣā prāgalbhye 1270 dambhu dambhane
1271 ṛdhu vṛddhau 1272 aha vyāptau 1273 dagha ghātane
pālane ca 1274 camu bhakṣaṇe 1275 ri 1276 kṣi 1277 ciri 1278
jiri 1279 dāśa 1280 dṛ hiṃsāyām

6c

1281 tuda vyathane 1282 ṇuda preraṇe 1283 diśa atisarjane
1284 bhrasja pāke 1285 kṣipa preraṇe 1286 kṛṣa vilekhane
1287 ṛṣī gatau 1288 juṣī prītisevanayoḥ 1289 ovijī
bhayacalanayoḥ 1290 olajī 1291 olasjī vrīḍāyām 1292 ovraścū
chedane 1293 vyaca vyājīkaraṇe 1294 uchi uñche 1295 uchī
vivāse 1296 ṛcha gatīndriyapralayamūrtibhāveṣu 1297 micha
utkleśe 1298 jarja 1299 carca 1300 jharjha
paribhāṣaṇabhartsanayoḥ 1301 tvaca saṃvaraṇe 1302 ṛca
stutau 1303 ubja ārjave 1304 ujjha utsarge 1305 lubha

vimohane 1306 ripha katthanayuddhanindāhiṃsādāneṣu 1307
tṛpa 1308 tṛmpha tṛptau 1309 tupa 1310 tumpa 1311 tupha
1312 tumpha hiṃsāyām 1313 dṛpa 1314 dṛmpha utkleśe 1315
ṛpha 1316 ṛmpha hiṃsāyām 1317 gupha 1318 gumpha granthe
1319 ubha 1320 umbha pūraṇe 1321 śubha 1322 śumbha
śobhārthe 1323 dṛbhī granthe 1324 cṛtī hiṃsāśranthanayoḥ
1325 vidha vidhāne 1326 juḍa gatau 1327 mṛḍa sukhane 1328
pṛḍa ca 1329 pṛṇa prīṇane 1330 vṛṇa ca 1331 mṛṇa hiṃsāyām
1332 tuṇa kauṭilye 1333 puṇa karmaṇi śubhe 1334 muṇa
pratijñāne 1335 kuṇa śabdopakaraṇayoḥ 1336 śuna gatau
1337 druṇa hiṃsāgatikauṭilyeṣu 1338 ghuṇa 1339 ghūrṇa
bhramaṇe 1340 ṣura aiśvaryadīptyoḥ 1341 kura śabde 1342
khura chedane 1343 mura saṃveṣṭane 1344 kṣura vilekhane
1345 ghura bhīmārthaśabdayoḥ 1346 pura agragamane 1347
vṛhū udyamane 1348 tṛhū 1349 stṛhū 1350 tṛmhū hiṃsārthāḥ
1351 iṣa icchāyām 1352 miṣa spardhāyām 1353 kila
śvaityakrīḍanayoḥ 1354 tila snehane 1355 cila vasane 1356
cala vilasane 1357 ila svapnakṣepaṇayoḥ 1358 vila saṃvaraṇe
1359 bila bhedane 1360 ṇila gahane 1361 hila bhāvakaraṇe
1362 śila 1363 ṣila uñche 1364 mila śleṣaṇe 1365 likha
akṣaravinyāse 1366 kuṭa kauṭilye 1367 puṭa saṃśleṣaṇe 1368
kuca saṅkocane 1369 guja śabde 1370 guḍa rakṣāyām 1371
ḍipa kṣepe 1372 chura chedane 1373 sphuṭa vikasane 1374
muṭa ākṣepamardanayoḥ 1375 truṭa chedane 1376 tuṭa
kalahakarmaṇi 1377 cuṭa 1378 chuṭa chedane 1379 juḍa
bandhane 1380 kaḍa made 1381 luṭa saṃśleṣaṇe 1382 kṛḍa

ghanatve 1383 kuḍa bālye 1384 puḍa utsarge 1385 ghuṭa
pratighāte 1386 tuḍa toḍane 1387 thuḍa 1388 sthuḍa
saṃvaraṇe 1389 sphura 1390 sphula sañcalane 1391 sphuḍa
1392 cuḍa 1393 vruḍa saṃvaraṇe 1394 kruḍa 1395 bhṛḍa
nimajjana ityeke 1396 gurī udyamane 1397 ṇū stavane 1398
dhū vidhūnane 1399 gu purīṣotsarge 1400 dhru gatisthairyayoḥ
1401 kuṅ śabde 1402 pṛṅ vyāyāme 1403 mṛṅ prāṇatyāge 1404
ri 1405 pi gatau 1406 dhi dhāraṇe 1407 kṣi nivāsagatyoḥ 1408
ṣū preraṇe 1409 kṝ vikṣepe 1410 gṝ nigaraṇe 1411 dṛṅ ādare
1412 dhṛṅ avasthāne 1413 pracha jñīpsāyām 1414 sṛja visarge
1415 ṭumasjo śuddhau 1416 rujo bhaṅge 1417 bhujo kauṭilye
1418 chupa sparśe 1419 ruśa 1420 riśa hiṃsāyām 1421 liśa
gatau 1422 spṛśa saṃsparśane 1423 vicha gatau 1424 viśa
praveśane 1425 mṛśa āmarśane 1426 ṇuda preraṇe 1427 ṣadḷ
viśaraṇagatyavasādaneṣu 1428 śadḷ śātane 1429 mila
saṅgame 1430 mucḷ mokṣaṇe 1431 lupḷ chedane 1432 vidḷ
lābhe 1433 lipa upadehe 1434 ṣica kṣaraṇe 1435 kṛtī chedane
1436 khida parighāte 1437 piśa avayave

1438 rudhir āvaraṇe 1439 bhidir vidāraṇe 1440 chidir
dvaidhīkaraṇe 1441 ricir virecane 1442 vicir pṛthagbhāve 1443
kṣudir sampeṣaṇe 1444 yujir yoge 1445 uchṛdir dīptidevanayoḥ
1446 utṛdir hiṃsā'nādarayoḥ 1447 kṛtī veṣṭane 1448 ñiindhī
dīptau 1449 khida dainye 1450 vida vicāraṇe 1451 śiṣḷ
viśeṣaṇe 1452 piṣḷ sañcūrṇane 1453 bhañjo āmardane 1454
bhuja pālanābhyavahārayoḥ 1455 tṛha 1456 hisi hiṃsāyām

1457 undī kledane 1458 añjū vyaktimrakṣaṇakāntigatiṣu 1459
tañcū saṅkocane 1460 ovijī bhayacalanayoḥ 1461 vṛjī varjane
1462 pṛcī samparke

8c

1463 tanu vistāre 1464 ṣaṇu dāne 1465 kṣaṇu hiṃsāyām 1466
kṣiṇu ca 1467 ṛṇu gatau 1468 tṛṇu adane 1469 ghṛṇu dīptau
1470 vanu yācane 1471 manu avabodhane 1472 ḍukṛñ karaṇe

9c

1473 ḍukrīñ dravyavinimaye 1474 prīñ tarpaṇe kāntau ca 1475
śrīñ pāke 1476 mīñ hiṃsāyām 1477 ṣiñ bandhane 1478 skuñ
āpravaṇe 1479 yuñ bandhane 1480 knūñ śabde 1481 drūñ
hiṃsāyām 1482 pūñ pavane 1483 lūñ chedane 1484 stṝñ
ācchādane 1485 kṝñ hiṃsāyām 1486 vṝñ varaṇe 1487 dhūñ
kampane 1488 śṝ hiṃsāyām 1489 pṝ pālanapūraṇayoḥ 1490 vṝ
varaṇe 1491 bhṝ bhartsane 1492 mṝ hiṃsāyām 1493 dṝ
vidāraṇe 1494 jṝ vayohānau 1495 nṝ naye 1496 kṝ hiṃsāyām
1497 ṝ gatau 1498 gṝ śabde 1499 jyā vayohānau 1500 rī
gatireṣaṇayoḥ 1501 lī śleṣaṇe 1502 vlī varaṇe 1503 plī gatau
1504 vrī varaṇe 1505 bhrī bhaye 1506 kṣīṣ hiṃsāyām 1507 jñā
avabodhane 1508 bandha bandhane 1509 vṛṅ sambhaktau
1510 śrantha vimocanapratiharṣayoḥ 1511 mantha viloḍane
1512 śrantha 1513 grantha sandarbhe 1514 kuntha
saṃśleṣaṇe 1515 mṛda kṣode 1516 mṛda ca 1517 gudha roṣe
1518 kuṣa niṣkarṣe 1519 kṣubha sañcalane 1520 ṇabha 1521
tubha hiṃsāyām 1522 kliśū vibādhane 1523 aśa bhojane 1524

udhrasa uñche 1525 iṣa ābhīkṣṇye 1526 viṣa viprayoge 1527

pruṣa 1528 pluṣa snehanasevanapūraṇeṣu 1529 puṣa puṣṭau

1530 muṣa steye 1531 khaca bhūtaprādurbhāve 1532 heṭha ca

1533 graha upādāne

10c

1534 cura steye 1535 citi smṛtyām 1536 yatri saṅkocane 1537

sphuḍi parihāse 1538 lakṣa darśanāṅkanayoḥ 1539 kudri

anṛtabhāṣaṇe 1540 laḍa upasevāyām 1541 midi snehane 1542

olaḍi utkṣepaṇe 1543 jala apavāraṇe 1544 pīḍa avagāhane

1545 naṭa avasyandane 1546 śratha prayatne 1547 badha

saṃyamane 1548 pṝ pūraṇe 1549 ūrja balaprāṇanayoḥ 1550

pakṣa parigrahe 1551 varṇa 1552 cūrṇa preraṇe 1553 pratha

prakhyāne 1554 pṛtha prakṣepe 1555 ṣamba sambandhane

1556 śamba ca 1557 bhakṣa adane 1558 kuṭṭa

chedanabhartsanayoḥ 1559 puṭṭa 1560 cuṭṭa alpībhāve 1561

aṭṭa 1562 ṣuṭṭa anādare 1563 luṇṭha steye 1564 śaṭha 1565

śvaṭha asaṃskāragatyoḥ 1566 tuji 1567 piji

hiṃsābalādānaniketaneṣu 1568 pisa gatau 1569 ṣāntva

sāmaprayoge 1570 śvalka 1571 valka paribhāṣaṇe 1572 ṣṇiha

snehane 1573 smiṭa anādare 1574 śliṣa śleṣaṇe 1575 pathi

gatau 1576 picha kuṭṭane 1577 chadi saṃvaraṇe 1578 śraṇa

dāne 1579 taḍa āghāte 1580 khaḍa 1581 khaḍi 1582 kaḍi

bhedane 1583 kuḍi rakṣaṇe 1584 guḍi veṣṭane 1585 khuḍi

khaṇḍane 1586 vaṭi vibhājane 1587 maḍi bhūṣāyāṃ harṣe ca

1588 bhaḍi kalyāṇe 1589 charda vamane 1590 pusta 1591

busta ādarānādarayoḥ 1592 cuda sañcodane 1593 nakka 1594

dhakka nāśane 1595 cakka 1596 cukka vyathane 1597 kṣala

śaucakarmaṇi 1598 tala pratiṣṭhāyām 1599 tula unmāne 1600

dula utkṣepe 1601 pula mahattve 1602 cula samucchrāye 1603

mūla rohaṇe 1604 kala 1605 vila kṣepe 1606 bila bhedane

1607 tila snehane 1608 cala bhṛtau 1609 pāla rakṣaṇe 1610

lūṣa hiṃsāyām 1611 śulba māne 1612 śūrpa ca 1613 cuṭa

chedane 1614 muṭa sañcūrṇane 1615 paḍi 1616 pasi nāśane

1617 vraja mārgasaṃskāragatyoḥ

1618 mārga saṃskāragatyoḥ ǀ In Siddhanta Kaumudi this is listed as a
separate Root. However in standard Dhatupathas, including Madhaviya
Dhatuvritti it is not distinct. Already a distinct Root 1846 mārga

anveṣaṇe is present in Dhatupatha. Here Root 1618 onwards Dhatu
Serial Number differs by 1 from Siddhanta Kaumudi.

1618 śulka atisparśane 1619 capi gatyām 1620 kṣapi kṣāntyām

1621 chaji kṛcchrajīvane 1622 śvarta gatyām 1623 śvabhra ca

1624 jñapa jñānajñāpanamāraṇatoṣaṇaniśānaniśāmaneṣu

1625 yama ca pariveṣaṇe 1626 caha parikalkane 1627 raha

tyāge 1628 bala prāṇane 1629 ciñ cayane 1630 ghaṭṭa calane

1631 musta saṅghāte 1632 khaṭṭa saṃvaraṇe 1633 ṣaṭṭa 1634

sphiṭṭa 1635 cubi hiṃsāyām 1636 pūla saṅghāte 1637 puṃsa

abhivardhane 1638 ṭaki bandhane 1639 dhūsa kāntikaraṇe

1640 kīṭa varṇe 1641 cūrṇa saṅkocane 1642 pūja pūjāyām

1643 arka stavane 1644 śuṭha ālasye 1645 śuṭhi śoṣaṇe 1646

juḍa preraṇe 1647 gaja 1648 mārja śabdārthau 1649 marca ca

1650 ghṛ prasravaṇe 1651 paci vistāravacane 1652 tija niśāne

1653 kṛta saṃśabdane 1654 vardha chedanapūraṇayoḥ 1655

kubi ācchādane 1656 lubi 1657 tubi adarśane 1658 hlapa

vyaktāyāṃ vāci 1659 cuṭi chedane 1660 ila preraṇe 1661 mrakṣa mlecchane 1662 mlecha avyaktāyāṃ vāci 1663 brūsa 1664 barha hiṃsāyām 1665 gurda pūrvaniketane 1666 jasi rakṣaṇe 1667 īḍa stutau 1668 jasu hiṃsāyām 1669 piḍi saṅghāte 1670 ruṣa roṣe 1671 ḍipa kṣepe 1672 ṣṭupa samucchrāye 1673 cita sañcetane 1674 daśi daṃśane 1675 dasi darśanadaṃśanayoḥ 1676 ḍapa 1677 ḍipa saṅghāte 1678 tatri kuṭumbadhāraṇe 1679 matri guptaparibhāṣaṇe 1680 spaśa grahaṇasaṃśleṣaṇayoḥ 1681 tarja 1682 bhartsa tarjane 1683 basta 1684 gandha ardane 1685 viṣka hiṃsāyām 1686 niṣka parimāṇe 1687 lala īpsāyām 1688 kūṇa saṅkoce 1689 tūṇa pūraṇe 1690 bhrūṇa āśāviśaṅkayoḥ 1691 śaṭha ślāghāyām 1692 yakṣa pūjāyām 1693 syama vitarke 1694 gūra udyamane 1695 śama 1696 lakṣa ālocane 1697 kutsa avakṣepaṇe 1698 truṭa chedane 1699 gala sravaṇe 1700 bhala ābhaṇḍane 1701 kūṭa āpradāne 1702 kuṭṭa pratāpane 1703 vañcu pralambhane 1704 vṛṣa śaktibandhane 1705 mada tṛptiyoge 1706 divu parikūjane 1707 gṛ vijñāne 1708 vida cetanākhyānanivāseṣu 1709 māna stambhe 1710 yu jugupsāyām 1711 kusma nāmno vā 1712 carca adhyayane 1713 bukka bhāṣaṇe 1714 śabda upasargādāviṣkāre ca 1715 kaṇa nimīlane 1716 jabhi nāśane 1717 ṣūda kṣaraṇe 1718 jasu tāḍane 1719 paśa bandhane 1720 ama roge 1721 caṭa 1722 sphuṭa bhedane 1723 ghaṭa saṅghāte 1724 divu mardane 1725 arja pratiyatne 1726 ghuṣir viśabdane 1727 āṅaḥkranda sātatye 1728 lasa śilpayoge 1729 tasi 1730 bhūṣa alaṅkaraṇe 1731 arha pūjāyām 1732 jñā niyoge 1733 bhaja viśrāṇane 1734 śṛdhu prasahane 1735 yata nikāropaskārayoḥ 1736 raka 1737 laga āsvādane 1738 añcu viśeṣaṇe 1739 ligi citrīkaraṇe 1740 muda saṃsarge 1741 trasa dhāraṇe 1742 udhrasa uñche 1743 muca pramocane modane ca 1744 vasa snehacchedāpaharaṇeṣu 1745 cara saṃśaye 1746 cyu sahane 1747 bhuvo'vakalkane 1748 kṛpeśca 1749 grasa grahaṇe 1750 puṣa dhāraṇe 1751 dala vidāraṇe 1752 paṭa 1753 puṭa 1754 luṭa 1755 tuji 1756 miji 1757 piji 1758 luji 1759 bhaji 1760 laghi 1761 trasi 1762 pisi 1763 kusi 1764 daśi 1765 kuśi 1766 ghaṭa 1767 ghaṭi 1768 bṛhi 1769 barha 1770 balha 1771 gupa 1772 dhūpa 1773 vicha 1774 cīva 1775 putha 1776 lokṛ 1777 locṛ 1778 ṇada 1779 kupa 1780 tarka 1781 vṛtu 1782 vṛdhu bhāṣārthāḥ 1783 ruṭa 1784 laji 1785 aji 1786 dasi 1787 bhṛśi 1788 ruśi 1789 śīka 1790 rusi 1791 naṭa 1792 puṭi 1793 ji 1794 ci 1795 raghi 1796 laghi 1797 ahi 1798 rahi 1799 mahi ca 1800 laḍi 1801 taḍa 1802 nala ca 1803 pūrī āpyāyane 1804 ruja hiṃsāyām 1805 ṣvada āsvādane 1806 yuja 1807 pṛca saṃyamane 1808 arca pūjāyām 1809 ṣaha marṣaṇe 1810 īra kṣepe 1811 lī dravīkaraṇe 1812 vṛjī varjane 1813 vṛñ āvaraṇe 1814 jṝ vayohānau 1815 jri ca 1816 rica viyojanasamparcanayoḥ 1817 śiṣa asarvopayoge 1818 tapa dāhe 1819 tṛpa tṛptau 1820 chṛdī sandīpane 1821 dṛbhī bhaye 1822 dṛbha sandarbhe 1823 śratha mokṣaṇe 1824 mī gatau 1825 grantha bandhane 1826 śīka āmarṣaṇe 1827 cīka ca 1828 arda hiṃsāyām 1829 hisi hiṃsāyām 1830 arha pūjāyām 1831 āṅaḥ ṣada padyarthe 1832 śundha śaucakarmaṇi 1833 chada apavāraṇe 1834 juṣa paritarkaṇe 1835 dhūñ kampane 1836 prīñ tarpaṇe 1837 śrantha 1838 grantha sandarbhe 1839 āpḷ lambhane 1840 tanu śraddhopakaraṇayoḥ 1841 vada sandeśavacane 1842 vaca paribhāṣaṇe 1843 māna pūjāyām 1844 bhū prāptau 1845 garha vinindane 1846 mārga anveṣaṇe 1847 kaṭhi śoke 1848 mṛjū śaucālaṅkaraṇayoḥ 1849 mṛṣa titikṣāyām 1850 dhṛṣa prasahane 1851 katha vākyaprabandhe 1852 vara īpsāyām 1853 gaṇa saṅkhyāne 1854 śaṭha 1855 śvaṭha samyagavabhāṣaṇe 1856 paṭa 1857 vaṭa granthe 1858 raha tyāge 1859 stana 1860 gadī devaśabde 1861 pata gatau vā 1862 paṣa anupasargāt 1863 svara ākṣepe 1864 raca pratiyatne 1865 kala gatau saṅkhyāne ca 1866 caha parikalkane 1867 maha pūjāyām 1868 sāra 1869 kṛpa 1870 śratha daurbalye 1871 spṛha īpsāyām 1872 bhāma krodhe 1873 sūca paiśunye 1874 kheṭa bhakṣaṇe 1875 kṣoṭa kṣepe 1876 goma upalepane 1877 kumāra krīḍāyām 1878 śīla upadhāraṇe 1879 sāma sāntvaprayoge 1880 vela kālopadeśe 1881 palpūla lavanapavanayoḥ 1882 vāta sukhasevanayoḥ 1883 gaveṣa mārgaṇe 1884 vāsa upasevāyām 1885 nivāsa ācchādane 1886 bhāja pṛthakkarmaṇi 1887 sabhāja prītidarśanayoḥ 1888 ūna parihāṇe 1889 dhvana śabde 1890 kūṭa paritāpe 1891 saṅketa 1892 grāma 1893 kuṇa 1894 guṇa cāmantraṇe 1895 keta śrāvaṇe nimantraṇe ca

In Siddhanta Kaumudi, Root keta śrāvaṇe is mentioned but not numbered. Hence from here Root 1896 onwards the Dhatu Serial Number in a standard Dhatupatha becomes the same as in Siddhanta Kaumudi.

1896 kūṇa saṅkocane'pi 1897 stena caurye 1898 pada gatau 1899 gṛha grahaṇe 1900 mṛga anveṣaṇe 1901 kuha vismāpane 1902 śūra 1903 vīra vikrāntau 1904 sthūla paribṛmhaṇe 1905 artha upayācñāyām 1906 satra santānakriyāyām 1907 garva māne 1908 sūtra veṣṭane 1909 mūtra prasravaṇe 1910 rūkṣa pāruṣye 1911 pāra 1912 tīra karmasamāptau 1913 puṭa saṃsarge 1914 dheka darśana ityeke 1915 katra śaithilye 1916 baṣka darśane 1917 citra citrīkaraṇe 1918 aṃsa samāghāte 1919 vaṭa vibhājane 1920 laja prakāśane 1921 miśra samparke 1922 saṅgrāma yuddhe 1923 stoma ślāghāyām 1924 chidra karṇabhedane 1925 andha dṛṣṭyupaghāte 1926 daṇḍa daṇḍanipātane 1927 aṅka pade lakṣaṇe ca 1928 aṅga ca 1929 sukha 1930 duḥkha tatkriyāyām 1931 rasa āsvādanasnehanayoḥ 1932 vyaya vittasamutsarge 1933 rūpa rūpakriyāyām 1934 cheda dvaidhīkaraṇe 1935 chada apavāraṇe 1936 lābha preraṇe 1937 vraṇa gātravicūrṇane 1938 varṇa varṇakriyāvistāraguṇavacaneṣu 1939 parṇa haritabhāve 1940 viṣka darśane 1941 kṣipa preraṇe 1942 vasa nivāse 1943 tuttha āvaraṇe
------------End-----------
Roots different in Siddhanta Kaumudi (standard Dhatupatha).
660 तृक्ष् (त्रक्ष्) 800 श्लथ् (क्रथ्) 1222 लुठ् (लुट्) 1618 मार्ग (-)

Ganasutras from the Dhatupatha

The Dhatupatha consists of two types of statements. The main statements or sutras name the Dhatus explicitly. So these are called Dhatu Sutras. The Dhatus are placed in ganas or groups (1c to 10c) for ease of deriving the Sarvadhatuka affixed Verbs and Nouns. There are 1943 explicit Dhatu Sutras according to the Kashika Vritti and also verified by Siddhanta Kaumudi. However the Root 1081 carkarītaṃ ca is a Ganasutra and not a Dhatusutra.

The other statements are called Ganasutras. There are the statements that qualify or give additional information for one or more Dhatus. Also, these statements give the information regarding the beginning of a gana and ending of a gana. Sometimes the same statement is referred to both as a Dhatusutra and a Ganasutra.

Ganasutra statements are listed here in the order of their appearance in the Dhatupatha of Panini.

Gana	Applies to Dhatu	Ganasutra
1c	775 ñitvarā sambhrame ı	ghaṭādayaḥ ṣitaḥ ı
	811 jñā māraṇatoṣaṇaniśāmaneṣuı	māraṇatoṣaṇaniśāmaneṣu jñā ı
	812 kampane caliḥ ı	kampane caliḥ ı
	813 chadiḥ ūrjane ı	chadiḥ ūrjane ı
	814 laḍiḥ jihvonmathane ı	jihvonmathane laḍiḥ ı
	815 madī harṣaglepanayoḥ	madī harṣaglepanayoḥ ı
	816 dhvana śabde ı	dhvana śabde ı
	548 dala 491 vala 544 skhala 445 raṇa 795 raṇa 816 dhvana 374 trapūṣ 913 kṣai	dali–vali–skhali–raṇi–dhvani–trapi–kṣapayaśca ı
	817 svana avataṃsane ı	svana avataṃsane ı
	Roots 763 ghaṭa ceṣṭāyām to 817 svana avataṃsane ı	ghaṭādayo mitaḥ ı

	442 kṣam 466 dram 470 cham 471 jam 472 jham 473 kram 826 syam 829 sam 830 stam 849 vam 850 bhram 853 ram 981 nam 982 gam 984 yam 1201 śam 1202 tam 1203 dam 1204 śram 1205 bhram 1206 kṣam 1207 klam	janījṝṣknasurañjo'mantāśca ı
	804 jval 805 hval 806 hmal (981 nam)	jvalahvalahmalanamāmanupa sargādvā ı
	903 glai 1052 ṣṇā 803 van 849 ṭuvam	glāsnāvanuvamāṃ ca ı
	443 kam 465 am 469 cam 1274 cam	na kamyamicamām ı
	818 śamo'darśane ı	śamo'darśane ı
	819 yamo'pariveṣaṇe ı	yamo'pariveṣaṇe ı
	820 skhadir avaparibhyāṃ ca ı	skhadir avaparibhyāṃ ca ı
	821 phaṇa gatau ı	phaṇa gatau ı
2c	1081 carkarītaṃ ca ı Mono syllabic Roots in Dhatupatha that begin with a Consonant.	carkarītaṃ ca ı
	This is actually a Ganasutra, however it has been numbered as a Dhatusutra. Hence even though the actual Root count in a standard Dhatupatha is 1942, the Dhatu Serial Number runs till 1943. This collects all Roots that will undergo yaṅ luk ı	
3c	None	
4c	1159 tapa aiśvarye vā ı	tapa aiśvarye vā ı
	1160 vṛtu varaṇe ı	vā vṛtu varaṇe ı
	1140 vrīṅ vṛṇotyarthe ı	svādaya oditaḥ ı

5c	6c 7c 8c 9c None	
10c	1624 jñapa jñānajñāpanamāraṇa-toṣaṇaniśāna-niśāmaneṣu		jñapa micca	
	1629 ciñ cayane		nānye mito'hetau	
	1673 cita sañcetane		ākusmādātmanepadinaḥ	
	1724 divu mardane		hantyarthāśca	
	1747 bhuvo'vakalkane		bhuvo'vakalkane	
	1748 kṛpeśca		kṛpeśca	
	1749 grasa grahaṇe		āsvadaḥ sakarmakāt
	1806 yuja saṃyamane		ādhṛṣādvā	
	1831 āṅaḥ ṣada padyarthe		āṅaḥ ṣadaḥ padyarthe	
	1851 katha vākyaprabandhe	athādantāḥ	
	1861 pata gatau vā		pata gatau vā	vā ṇijantaḥ	
	1862 paṣa anupasargāt		paṣa anupasargāt	
	1898 pada gatau		ā garvādātmanepadinaḥ	
	1916 baṣka darśane		prātipadikāddhātvarthe bahulamiṣṭhavacca	
	-	tatkaroti tadācaṣṭe	
	-	tenātikrāmati	
	-	dhāturūpaṃ ca	
	-	kartṛkaraṇāddhātvarthe	
	1929 sukha tatkriyāyām		sukha duḥkha tatkriyāyām	
	1939 parṇa haritabhāve		bahulametannidarśanam	
	1943 tuttha āvaraṇe		**Last Dhatu of Dhatupatha**
	-	ṇiṅaṅgānnirasane	
	-	śvetāśvāśvataragāloḍitāhvara kāṇāmaśvataretakalopaśca
	-	pucchādiṣu dhātvarthe ityeva siddham	
Dhatupatha Ends		

Sautra Dhatu

Some Dhatus are not listed in the Dhatupatha. However, these or their finished words are seen in the Ashtadhyayi and in Literature. Such a Dhatu is given the term sautra dhātuḥ i.e. from Sutrapatha.

SN	sautra Dhatu	Ashtadhyayi Sutra
1	ṛtiḥ ghṛṇāyām । ṛt । ṛtīyate । Conjugates as a 2c Root with śap luk । 3.1.31 āyādaya ārdhaddhātuke vā । This Root will take iyaṅ affix	3.1.29 ṛterīyaṅ ।
2a 2b 2c 2d	stanbhum̐ , stunbhum̐ , skanbhum̐ , skunbhum̐ stanbh stunbh skanbh skunbh rodhane । Conjugate as śnā 9c and śnu 5c both. E.g. stanbh + śnā + ti → stabhnāti । stanbh + śnu + ti → stabhnoti । Both forms.	3.1.82 stanbhustunbhuskanbhu-skunbhuskañbhyaḥ śnuśca । Refer 387 skabhi pratibandhe । 1c
3	sātiḥ sukheı sātayati ।	3.1.138 anupasargāllimpavindadhāripārivedyudejicetisātisāhibhyaśca ।
4	ju vegitāyāṃ gatau । javati । ju vegitāyāṃ gatau । jūtiḥ ।	3.2.150 jucaṅkramyadandramyasṛgṛdhi-jvalaśucalaṣapatapadaḥ । 3.3.97 ūtiyūtijūtisātihetikīrtayaśca ।
5	viribdha , virebhitamanyatı rabhiṃ sautraṃ dhātuṃı	7.2.18 kṣubdhasvāntadhvānta-lagnamliṣṭaviribdhaphāṇṭabāḍhāni manthamanastamahsaktāvispaṣṭasv arānāyāsabhṛśeṣu ।
6	tu gativṛddhihiṃsāsu tu । tauti ।	7.3.95 turustuśamyamaḥ sārvadhātuke । Refer 1034 ru śabde । 2c
7	tu gativṛddhihiṃsāsu tu । tauti ।	1048 vī gativyāptiprajanakāntyasanakhādan eṣu ।

<table>
<tr><td></td><td>This 2c Root includes two Roots i.e. vī and ī ı Thus Root ī is considered praśliṣṭa ı sautra ı ī ı eti ı</td></tr>
</table>

Root Characteristics

Internal Grouping of Roots

As we know, the Dhatupatha of Panini is divided into 10 Groups so that there is an ease in using Sarvadhatuka Affixes. Within these ganas, there is sometimes an internal sub-grouping to indicate that such Roots behave similarly. gaṇaḥ and antargaṇaḥ ı Not all Roots fall under any internal group. Some Roots fall under more than one internal group. The Reference to the internal group is mentioned, it may be a Sutra from the Ashtadhyayi, a Vartika, or a Ganasutra from the Dhatupatha.

Gana	from Dhatu	to Dhatu	Internal Group	Ashtadhyayi Sutra / Ganasutra
1c	741 dyuta	762 kṛpū	dyutādiḥ	1.3.91 dyudbhyo luṅi ı
1c	758 vṛtu	762 kṛpū	vṛtādiḥ	1.3.92 vṛdbhyaḥ syasanoḥ ı
1c	763 ghaṭa	775 ñitvarā	ghaṭādiḥ	3.3.104 ṣidbhidādibhyo'ṅ ı Ganasutra ghaṭādayaḥ ṣitaḥ ı
1c	763 ghaṭa	821 phaṇa	ghaṭādiḥ	6.4.92 mitāṃ hrasvaḥı Ganasutra ghaṭādayo mitaḥ ı
1c	821 phaṇa	827 svana	phaṇādiḥ	6.4.125 phaṇāṃ ca saptānām ı
1c	831 jvala	860 kasa	jvalādiḥ	3.1.140 jvalitikasantebhyo ṇaḥ

1c	1002 yaja	1010 ṭuośvi	yajādiḥ	6.1.15 vacisvapiyajādīnāṃ kiti
2c	1067 rudir	1071 jakṣa	rudādiḥ	7.2.76 rudādibhyaḥ sārvadhātuke ı
	1071 jakṣa	1077 vevīṅ	jakṣādiḥ	6.1.6 jakṣityādayaḥ ṣaṭ
3c	1093 ṇijir	1095 viṣḷ	ṇijādiḥ	7.4.75 ṇijāṃ trayāṇāṃ guṇaḥ ślau
	1087 ḍubhṛñ	1089 ohāṅ	bhṛñādiḥ	7.4.76 bhṛñāmit ı
4c	1132 ṣūṅ	1140 vrīṅ	svādiḥ	Ganasutra svādaya oditaḥ
	1145 śo	1148 do	śyādiḥ	7.3.71 otaḥ śyani ı
	1182 puṣa	1246 gṛdhu	puṣādiḥ	3.1.55 puṣādidyutādyḷditaḥ parasmaipadeṣu ı
	1193 radha	1200 ṣṇiha	radhādiḥ	7.2.45 radhādibhyaśca ı
	1201 śamu	1208 madī	śamādiḥ	7.3.74 śamāmaṣṭānāṃ dīrghaḥ śyani ı
6c	1308 tṛmpha	1322 śumbha	tṛmphādiḥ	6.4.24 aniditāṃ hala upadhāyāḥ kṅiti ı Vartika śe tṛmphādīnāṃ num vācyaḥ ı
	1366 kuṭa	1401 kuṅ	kuṭādiḥ	1.2.1 gāṅkuṭādibhyo'ṅṇinṅ it ı
	1409 kṝ	1413 pracha	kirādiḥ	7.2.75 kiraśca pañcabhyaḥ kiraśca pañcabhyaḥ ı

	1430 mucḷ	1437 piśa	mucādiḥ	7.1.59 śe mucādīnām
8c	1463 tanu	1471 manu	tanotyādiḥ	6.4.37 anudāttopadeśavanat itanotyādīnāmanunās ikalopo jhali kṅiti ı (except 1464 ṣaṇu ṣaṇu since 6.4.42 applies)
9c	1482 pūñ	1503 plī	pvādayaḥ	7.3.80 pvādīnāṃ hrasvaḥ ı
9c	1483 lūñ	1503 plī	lvādayaḥ	8.2.44 lvādibhyaḥ ı
10c	1624 jñapa	1629 ciñ	jñapādayaḥ	Ganasutra jñapa miccaı nānye mito'hetau ı
10c	1673 cita	1711 kusma	ākusmīyāḥ	Ganasutra ākusmādātmanepadi naḥ ı
10c	1749 grasa	1805 ṣvada	āsvadīyāḥ	Ganasutra āsvadaḥ sakarmakāt ı
10c	1806 yuja	1850 dhṛsa	ādhṛṣīyāḥ (yujādayaḥ)	Ganasutra ādhṛṣādvā ı
10c	1851 katha	1943 tuttha	kathādayaḥ	Ganasutra athādantāḥ ı
10c	1898 pada	1907 garva	āgarvīyāḥ	Ganasutra āgarvādātmanepadi naḥ
10c	1916 baṣka	1943 tuttha	nāmadhāta vaḥ	Ganasutra prātipadikāddhātvar the bahulamiṣṭhavacca

3.3.104 ṣidbhidādibhyo'ṅ ꟾ Roots having the Tag letter ṣakāraḥ and Roots listed in the Ganapatha under bhidādiḥ take the aṅ afffix in the feminine, when the Karaka is not kartā and when used in bhāve.

- i.e. from Dhatupatha the Roots 374 trapūṣ 442 kṣamūṣ 1130 jr̄ṣ 1131 jhr̄ṣ 1506 kṣīṣ and
- from Ganapatha the Noun Stems bhidā chidā vidā kṣipā guhā śraddhā medhā godhā ārā hārā kārā kṣiyā tārā dhārā lekhā rekhā cūḍā pīḍā vapā vasā sr̥jā kr̥pā ꟾ A Ganasutra from the Kashika Vritti "krapeḥ samprasāraṇam ca" clarifies that kr̥pā is from Root 771 krapa (and not from 762 kr̥pū).

Roots prefixed with Upasarga in Dhatupatha

Some Roots are seen prefixed with an Upasarga, i.e. their use without Upasarga is rare.

629 āṅaḥ śasi icchāyām ꟾ śaṃs ꟾ āṅ pūrvakaḥ ꟾ āśaṃsate ꟾ
1022 āṅaḥ śāsu icchāyām ꟾ śās ꟾ āṅ pūrvakaḥ ꟾ āśāsate ꟾ
1074 ano rudha kāme ꟾ rudh ꟾ anu pūrvakaḥ ꟾ anurudhyate ꟾ
1727 āṅaḥ kranda sātatye ꟾ krand ꟾ āṅ pūrvakaḥ ꟾ ākrandayati-te ꟾ
1831 āṅaḥ ṣada padyarthe ꟾ sad ꟾ āṅ pūrvakaḥ ꟾ āsādayati-te ꟾ

Root Initial Letter in Original Enunciation ṣ / ṇ upadeśaḥ

ṣopadeśaḥ Roots with initial ṣakāraḥ 85 Roots

18 ṣvada svad 25 ṣūda sūd 47 ṣidha sidh 48 ṣidhū sidh 100 ṣvaṣka ṣvaṣk 163 ṣaca sac 175 ṣṭuca stuc 202 ṣasja sasj 225 ṣarja sarj 304 ṣiṭa siṭ 313 ṣaṭa saṭ 364 ṣṭipṛ stip 365 ṣṭepṛ step 386 ṣṭabhi stambh 394 ṣṭubhu stubh 400 ṣapa sap 424 ṣarba sarb 430 ṣṛbhu sṛbh 431 ṣṛmbhu sṛmbh 461 ṣṭana stan 464 ṣaṇa saṇ 501 ṣevṛ sev 547 ṣala sal 560 ṣṭhivu ṣṭhiv 586 ṣarva sarv 661 ṣṭrakṣa strakṣ 782 ṣṭaka stak 789 ṣage sag 790 ṣṭage stag 829 ṣama sam 830 ṣṭama stam 836 ṣṭhala sthal 852 ṣaha sah 854 ṣadḷ sad 911 ṣṭyai styai 915 ṣai sai 922 ṣṭai stai 923 ṣṇai snai 928 ṣṭhā sthā 941 ṣu su 948 ṣmiṅ smi 976 ṣvañja svañj 987 ṣañja sañj 997 ṣaca sac 1031 ṣūṅ sū 1038 ṣṇu snu 1041 ṣu su 1043 ṣṭuñ stu 1052 ṣṇā snā 1078 ṣasa sas 1079 ṣasti saṃst 1108 ṣivu siv 1110 ṣṭhivu sthiv 1111 ṣṇusu snus 1112 ṣṇasu snas 1124 ṣṭima stim 1125 ṣṭīma stīm 1128 ṣaha sah 1129 ṣuha suh 1132 ṣūṅ sū 1147 ṣo so 1188 ṣvidā svid 1192 ṣidhu sidh 1199 ṣṇuha snuh 1200 ṣṇiha snih 1247 ṣuñ su 1248 ṣiñ si 1265 ṣṭigha stigh 1268 ṣagha sagh 1340 ṣura sur 1363 ṣila sil 1408 ṣū sū 1427 ṣadḷ sad 1434 ṣica sic 1464 ṣaṇu saṇ 1477 ṣiñ si 1555 ṣamba samb 1562 ṣuṭṭa suṭṭ 1569 ṣāntva sāntv 1572 ṣṇiha snih 1633 ṣaṭṭa saṭṭ 1672 ṣṭupa stup 1717 ṣūda sūd 1805 ṣvada svad 1809 ṣaha sah

ṇopadeśaḥ Roots with initial ṇakāraḥ 35 Roots

54 ṇada nad 66 ṇidi nind 134 ṇakha nakh 135 ṇakhi naṅkh 310 ṇaṭa naṭ 480 ṇaya nay 522 ṇīla nīl 566 ṇīva nīv 590 ṇivi ninv 617 ṇeṣṛ neṣ 625 ṇāsṛ nās 627 ṇasa nas 659 ṇikṣa nikṣ 662 ṇakṣa nakṣ 722 ṇiśa niś 752 ṇabha nabh 781 ṇaṭa naṭ 838 ṇala nal 871 ṇidṛ nid 872 ṇedṛ ned 901 ṇīñ nī 981 ṇama nam 1025 ṇisi niṃs 1026 ṇiji niñj 1035 ṇu nu 1093 ṇijir nij 1166 ṇaha nah 1194 ṇaśa naś 1240 ṇabha nabh 1282 ṇuda nud 1360 ṇila nil 1397 ṇū nū 1426 ṇuda nud 1520 ṇabha nabh 1778 ṇada nad

svaraḥ = udāttaḥ / anudāttaḥ / svaritaḥ

These Accents are actually Tag marks that get dropped after their purpose is served.

udāttopadeśaḥ Roots with Udatta Accent i.e. no marking. This will primarily specify the Root to be Parasmaipada.

anudāttopadeśaḥ Roots with Anudatta Accent i.e. horizontal bar below. 1.3.12 anudāttaṅita ātmanepadam । Anudata Accent on Tag Vowel (not Root Vowel) or ṅit Root i.e. with ṅ Tag letter means Root will be Atmanepada. E.g. 1021 आसँ ās Atmanepada Root. A Karika states that Root with Anudata Accent on Root Vowel means it is aniṭ Root. E.g. 1011 अदँ ad aniṭ Root.

Examples of Accents and Tags and their Effect.

1011	अदँ	अद् अँ	P	aniṭ	Anudata Accent on Root Vowel → aniṭ
1017	चक्षिङ्	चक्ष् इङ्	A	aniṭ	Anudata Accent on Root Vowel → aniṭ Anudata Accent on Tag Vowel→ A (Also ṅ Tag → A)
1021	आसँ	आस् अँ	A	seṭ	Anudata Accent on Tag Vowel→ A
1039	ऊर्णुञ्	ऊर्णु ञ्	U	seṭ	ñ Tag → U
1046	इङ्	इ ङ्	A	aniṭ	Anudata Accent on Root Vowel → aniṭ ṅ Tag → A
1015	दिहँ	दिह् अँ	U	aniṭ	Anudata Accent on Root Vowel → aniṭ Svarita Accent on Tag Vowel → U

svaritopadeśaḥ Roots with Svarita Accent i.e. vertical bar on top.
1.3.72 svaritañitaḥ kartrabhiprāye kriyāphale ꞁ Svarita Accent on Tag Vowel causes Root to be Ubhayepada, or ñit Root i.e. with ñ Tag means Root will be Ubhayepada.

Some Roots are explicitly stated to be Ubhayepada without any marking or by Ashtadhyayi Sutra. 10c Roots become Ubhayepada due to secondary Root ṇic affix).

1c 601 धावुँ 822 राजृँ 861 हिक्कँ 862 अञ्चुँ 863 टुयाचृँ 864 रेटृँ 865 चतेँ 866 चदेँ 867 प्रोथृँ 868 मिदृँ 869 मेदृँ 870 मेधृँ 871 णिदृँ 872 णेदृँ 873 श्रथुँ 874 मृधुँ 875 बुधिरँ 876 उबुन्दिरँ 877 वेणृँ 878 खनुँ 879 चीवुँ 880 चायृँ 881 व्ययँ 882 दाशृँ 883 भेषृँ 884 भ्रेषृँ 885 भ्लेषृँ 886 असँ 887 स्पशँ 888 लषँ 889 चषँ 890 छषँ 891 झषँ 892 भ्रक्षँ 893 भ्लक्षँ 894 दासृँ 895 माहँ 896 गूहूँ 994 दानँ 995 शानँ 996 डुपचँष् 997 षचँ 998 भजँ 999 रञ्जँ 1000 शपँ 1001 त्विषँ 1002 यजँ 1003 डुवपँ 1004 वहँ 1093 णिजिरँ

3c 1094 विजिरँ 1095 विष्लृँ

4c 1164 मृषँ 1165 ईशुचिरँ 1166 णहँ 1167 रञ्जँ 1168 शपँ

6c 1281 तुदँ 1282 णुदँ 1283 दिशँ 1284 भ्रस्जँ 1285 क्षिपँ 1286 कृषँ 1429 मिलँ 1430 मुचँ्ँ 1431 लुपँँ 1432 विदँँ 1433 लिपँ 1434 षिचँ

7c 1438 रुधिरँ 1439 भिदिरँ 1440 छिदिरँ 1441 रिचिरँ 1442 विचिरँ 1443 क्षुदिरँ 1444 युजिरँ 1445 उछृदिरँ 1446 उतृदिरँ

8c 1463 तनुँ 1464 षणुँ 1465 क्षणुँ 1466 क्षिणुँ 1467 ऋणुँ 1468 तृणुँ 1469 घृणुँ

9c 1533 ग्रहँ

Root Tag letter = it saṃjñā = anubandhaḥ

From Standard Dhatupatha of Panini. Count of these Roots will be less than 1943 since not all Roots are marked with a Tag.

Dhatu Tag Letters and their Relevance from Ashtadhyayi		
Tag Letter		Ashtadhyayi Sutra
am̐	adit	This Tag is primarily given as a *simple cap*, to be opened only during usage.
ām̐	ādit	7.2.16 āditaśca ǀ iti niṣṭhāyām iṭ niṣedhaḥ ǀ Augment *iṭ* is prevented for Nishtha Affixes
	ādit	7.2.17 vibhāṣā bhāvādikarmaṇoḥ ǀ niṣṭhāyām iṭ vibhāṣā ǀ Augment iṭ is Optional for Nishtha Affix kta used in Impersonal sense or to indicate beginning of Action
im̐	idit	7.1.58 idito num dhātoḥ ǀ iti dhātoḥ num āgamaḥ ǀ Such Roots will get num Augment that changes to appropriate nasal by 8.3.24 naścāpadāntasya jhali and 8.4.58 anusvārasya yayi parasavarṇaḥ
im̐r	irit	3.1.57 irito vā ǀ Vartika ira it saṃjñā vācyā ǀ cleḥ aṅ vā ǀ Optionally cli gets replaced by aṅ for luṅ Aorist Past Tense affix
īm̐	īdit	7.2.14 śvi–īdito niṣṭhāyām ǀ niṣṭhāyām iṭ abhāvaḥ ǀ Augment iṭ is prevented for Nishtha Affixes
um̐	udit	7.2.56 udito vā ǀ ktvāyām iṭ vikalpaḥ ǀ Optional Augment iṭ for ktvā Affixes

	udit	7.2.15 yasya vibhāṣā I *niṣṭhāyām iṭ abhāvaḥ* I Augment iṭ is prevented for Nishtha Affixes in matters where iṭ is Optional
ūm̐	ūdit	7.2.44 svaratisūtisūyatidhūñ–ūdito vā I valādeḥ ārdhadhātukasya iṭ vikalpaḥ I Optional Augment iṭ for vakāraḥ beginning Ardhadhatuka Affixes
ṛm̐	ṛdit	7.4.2 nāglopiśāsv–ṛditām I ṇau caṇi upadhāyāḥ hrasva abhāvaḥ I Penultimate Letter of such Angas does not become hrasvaḥ
ḷm̐	ḷdit	3.1.55 puṣādidyutādy–ḷditaḥ parasmaipadeṣu I cleḥ aṅ I cli gets replaced by aṅ for luṅ Aorist Past Tense
em̐	edit	7.2.5 hmyantakṣaṇaśvasajāgṛṇiśvi–editām I iṭ ādau sici vṛddhi abhāvaḥ I Prevention of vṛddhiḥ for sic Affixes having iṭ Augment
om̐	odit	8.2.45 oditaśca I niṣṭhātasya natvam I Nishtha takāraḥ gets replaced by nakāraḥ
	odit	4c Ganasutra svādaya oditaḥ I niṣṭhātasya natvam I Nishtha takāraḥ gets replaced by nakāraḥ
k	kit	No connected Sutra. Roots 2c 1047 ik , 3c 1090 ohāk
ṅ	ṅit	1.3.12 anudātta–ṅita ātmanepadam I ātmanepaditvam I Atmanepada Affixes for such Roots

ñ	ñit	1.3.72 svarita–ñitaḥ kartrabhiprāye kriyāphale ǀ ubhayapaditvam ǀ Ubhayepada – Both Parasmaipada & Atmanepada Affixes for such Roots
ñi	ñīt	3.2.187 ñītaḥ ktaḥ ǀ vartamāne ktaḥ ǀ Nishtha Affix kta gets applied in the sense of Present Tense. (By default kta is only in the sense of Past Tense).
ṭ	ṭit	4.1.15 ṭiḍḍhāṇañdvayasajdaghnañmātractayapṭhakṭhañkañkvarapaḥ ǀ strīyām ṅīp ǀ In Feminine sense, Affix ṅīp gets applied. Root – 1c 902 dheṭ
ṭu	ṭvit	3.3.89 ṭvito'thuc ǀ athuc ǀ Affix athuc gets applied
ḍu	ḍvit	3.3.88 ḍvitaḥ ktriḥ ǀ ktri (mam ca, 4.4.20) ǀ Affix ktri gets applied
ṇ	ṇit	7.3.78 pāghrādhmāsthāmnādāṇdṛśyartisartti-śadasadām pibajighradhamatiṣṭhamana-yacchapaśyarcchadhauśīyasīdāḥ ǀ yaccha ǀ Root 1c 930 dāṇ gets replaced by yaccha, when facing śit Affix. Notice that by 1.1.20 dādhā ghvadāp dāṇ is ghu saṃjñā ǀ Also see Root 2c 1045 iṇ
m	mit	6.4.92 mitāṃ hrasvaḥ ǀ ṇau upadhāyā hrasvaḥ ǀ When such Root faces ṇic affix, penultimate letter of Root takes Short Vowel
p	pit	1.1.20 dādhā ghu–adāp ǀ Definition ghu does not include 1059 dāp ǀ Also see Root 924 daip

ṣ	ṣit	3.3.104 ṣit–bhidādibhyo'ṅ	aṅ	In Feminine sense, Affix aṅ gets applied

Notes

Roots having multiple Tags ā–ñi, ḍu-ṣ etc. simply get a combination of above procedures. E.g. 975 ḍupacaṣ pāke Difference between Initial initial and Final Tag? No functional difference. It is just a mathematical beauty of Panini's programming.

e.g. Root 1010 टुऒँश्वि , the Tag ऒँ has been placed before the Root whereas in 1415 टुमस्जाँ it is at end. Both apply 8.2.45 oditaśca | niṣṭhātasya natvam | Thus śūnaḥ , magnaḥ |

Tag ङ् ṅ causes Root to be Atmanepada. Also Anudata Accent on Root Vowel causes Root to be Atmanepada.

Tag ञ् ñ causes Root to be Ubhayepada. Also Svarita Accent on Root Vowel causes Root to be Ubhayepada.

Legend for Tagged and Accented Roots Index

Indexed on Root ready for Conjugation, without Tag.

Root without Tag IAST transliterated	Root with Tag & Accent	P / A / U	St / At / Vt	T / I / D	Dhatu Serial No
aṃs	अंस	U	St	I	1918

P/A/U where P = Parasmaipada, A = Atmanepada, U = Ubhayepada

St/At/Vt where St = Seṭ सेट् , At = Aniṭ अनिट् , Vt = Veṭ वेट्

T/I/D where T=Transitive स॰ , I = Intransitive अ॰ , D=dual Object द्वि॰

Dhatu Serial No = as given in a standard Dhatupatha or the Siddhanta Kaumudi.

Notes:
Root with Tag and Accent is in **Devanagari**.
P* = Root may take Atmanepada affixes in certain cases.
A* = Root may take Parasmaipada affixes in certain cases.
T* = Verb may behave Intransitive in certain cases.

The Dhatupatha consists of
- Dhatus
- Dhatusutras qualifying the Dhatus (accent marks, tags, etc)
- Ganasutras giving additional information of few Dhatus

Ashtadhyayi Sutras that specify meaning of Root Tag letters

1.3.12	anudāttaṅita ātmanepadam ꠤ Anudatta accent on Root vowel **or** ङ ṅ Tag letter, specifies that Root will take Atmanepada Affixes.
1.3.72	svaritañitaḥ kartrabhiprāye kriyāphale ꠤ Svarita accent on Root vowel **or** ञ ñ Tag letter, specifies that Root will take Ubhayepada Affixes.

7.2.10	ekāca upadeśe'nudāttāt ꠤ In original enunciation, after dropping Tags, that Root is aniṭ which
	  • Is Monosyllabic
	  • Has Anudata Accent on Root Vowel.

Additionally, ancient grammarians have written **Karikas** to explicitly state whether a Dhatu is aniṭ or seṭ ꠤ Let us see the Karika from Kashika Vritti under Sutra 7.2.10. It will apply to Roots of 1c - 9c only. (10c Roots are all seṭ सेट् by default).

aniṭsvarānto bhavatīti dṛśyatām imāṃstu seṭaḥ pravadanti tadvidaḥ ꠤ
adantamɪ̄dantamṛtāṃ ca vṛṅvṛñau śvidīṅivarṇeṣvatha śīṅśriñāvapi ॥ 1
॥ gaṇasthamūdantamutāṃ ca rusnuvau kṣuvaṃ tathorṇotimatho
yuṇukṣṇavaḥ ꠤ iti svarāntā nipuṇaṃ samuccitāḥ tato halantānapi
sannibodhataḥ ॥ 2 ॥ Thus the Accents for vowel ending Roots,
and we shall now see consonant ending Roots.

śakistu kānteṣvaniḍeka iṣyate ghasiśca sānteṣu vasiḥ prasāraṇī ꠤ
rabhistu bhānteṣvatha maithune yabhistatastṛtīyo labhireva netare ॥ 3
॥ yamiryamanteṣvaniḍeka iṣyate ramiśca yaśca śyani paṭhyate maṇiḥ ꠤ

namiścaturtho hanireva pañcamo gamiśca ṣaṣṭhaḥ pratiṣedhavācinām ǁ 4 ǁ dihirduhirmehatirohatī vahirnahistu ṣaṣṭho dahatistathā lihiḥ ǀ ime'niṭo'ṣṭāviha muktasaṃśayā gaṇeṣu hāntāḥ pravibhajya kīrtitāḥ ǁ5ǁ diśiṃ dṛśiṃ daṃśimatho mṛśiṃ spṛśiṃ riśiṃ ruśiṃ krośatimaṣṭamaṃ viśim ǀ liśaṃ ca śāntānaniṭaḥ purāṇagāḥ paṭhanti pāṭheṣu daśaiva netarān ǁ 6 ǁ rudhiḥ sarādhiryudhibandhisādhayaḥ krudhikṣudhī śudhyatibudhyatī vyadhiḥ ǀ ime tu dhāntā daśa ye'niṭo matāstataḥ paraṃ sidhyatireva netare ǁ 7 ǁ śiṣiṃ piṣiṃ śuṣyatipuṣyatī tviṣiṃ viṣiṃ śliṣiṃ tuṣyatiduṣyatī dviṣim ǀ imān daśaivopadiśantyaniḍvidhau gaṇeṣu ṣāntān kṛṣikarṣatī tathā ǁ 8 ǁ tapiṃ tipiṃ cāpimatho vapiṃ svapiṃ lipiṃ lupiṃ tṛpyatidṛpyatī sṛpim ǀ svareṇa nīcena śapiṃ chupiṃ kṣipiṃ pratīhi pāntān paṭhitāṃstrayodaśa ǁ 9 ǁ adiṃ hadiṃ skandibhidicchidikṣudīn śadiṃ sadiṃ svidyatipadyatī khidim ǀ tudiṃ nudiṃ vidyati vinta ityapi pratīhi dāntāndaśa pañca cāniṭaḥ ǁ 10 ǁ paciṃ vaciṃ viciricirañji-pṛcchatīn nijiṃ sijiṃ mucibhajibhañjibhṛjjatīn ǀ tyajiṃ yajiṃ yujirujisañjimajjatīn bhujiṃ svajiṃ sṛjimṛji viddhyaniṭsvarān ǁ 11 ǁ

<u>General Rule for Monosyllabic Roots, after dropping Tags</u>
aniṭ svaraḥ antaḥ bhavati iti dṛśyatām , imāṃstu seṭaḥ pravadanti tat vidaḥ ǀ Know that Vowel ending Roots are aniṭ ǀ The Rest are seṭ ǀ
<u>Exceptions to the General Rule.</u>
adantam-ṝdantam , ṛtāṃ ca , vṛṅa-vṛṅau , śvi-ḍīṅ ivarṇeṣvatha śīṅ śriñ api ǁ However Roots ending in a ṝ are seṭ ǀ

Roots ending in ṛ are aniṭ except 1509 vṝṅ 1254 vṛṅ ǀ

Roots ending in i are aniṭ except the Roots 1010 śvi 897 śriñ ǀ

Roots ending in ī are aniṭ except 968 ḍīṅ 1135 ḍīṅ 1032 śīṅ ǀ

gaṇastham ūdantam , utāṃ ca ru-snuvau kṣu-vantatha-ūrṇotimatho yu-ṇu-kṣṇavaḥ ǀ Roots ending in ū are seṭ

Roots ending in u are aniṭ except 1034 ru 1038 snu 1036 kṣu 1039 ūrṇu 1033 yu 1035 ṇu 1037 kṣṇu ǀ (Here polysyllabic Root 1039 ūrṇu is mentioned for secondary Root affix yaṅ).

Tagged and Accented Roots Index

- candrabindu on vowel specifies vowel is **Tag** and to be dropped
- anudatta on Tag vowel specifies that Root is **Atmanepada**. Else, ङ् ṅ Tag letter specifies root is **Atmanepada**
- anudatta on Root vowel specifies that Root is अनिट् aniṭ
- svarita on Tag vowel specifies that Root is **Ubhayepada**. Else, ञ् ñ Tag letter specifies root is Ubhayepada
- 10c roots mentioned with **Svarita** accent means that option शप् śap also conjugates in both P and A

aṃs	अंस	U	St	I	1918
aṃh	अहिं	A	St	T	635
aṃh	अहिं	U	St	T	1797
ak	अकँ	P	St	I	792
akṣ	अक्षूँ	P	Vt	T	654
ag	अगँ	P	St	I	793
aṅk	अकिं	A	St	T	87
aṅk	अङ्कँ	U	St	T	1927
aṅg	अगिं	P	St	T	146
aṅg	अङ्गँ	U	St	T	1928
aṅgh	अघिं	A	St	I	109
aj	अजँ	P	St	T	230
añc	अञ्चुँ	P	St	T	188
añc	अञ्चुँ	U	St	T	862
añc	अञ्चुँ	U	St	T	1738
añj	अजिं	U	St	T	1785
añj	अञ्जूँ	P	Vt	T	1458
aṭ	अटँ	P	St	T	295
aṭṭ	अट्टँ	A	St	T	254
aṭṭ	अट्टँ	U	St	T	1561
aḍ	अडँ	P	St	T	358
aḍḍ	अड्डँ	P	St	T	348
aṇ	अणँ	P	St	T	444
aṇ	अणँ	A	St	I	1175

aṇṭh	अठिं	A	St	T	261
at	अतँ	P	St	T	38
ad	अदँ	P	At	T	1011
an	अनँ	P	St	I	1070
ant	अतिं	P	St	T	61
and	अदिं	P	St	T	62
andh	अन्ध	U	St	T	1925
abhr	अभ्रँ	P	St	T	556
am	अमँ	P	St	T	465
am	अमँ	U	St	T	1720
amb	अबिं	A	St	I	378
ay	अयँ	A	St	T	474
ark	अर्कँ	U	St	T	1643
arc	अर्चँ	P	St	T	204
arc	अर्चँ	U	St	T	1808
arj	अर्जँ	P	St	T	224
arj	अर्जँ	U	St	T	1725
arth	अर्थ	A	St	T	1905
ard	अर्दँ	P	St	T*	55
ard	अर्दँ	U	St	T	1828
arb	अर्बँ	P	St	T	415
arv	अर्वँ	P	St	T	584
arh	अर्हँ	P	St	T	740
arh	अर्हँ	U	St	T	1731

10c Roots with Serial No 1851 to 1943 are कथादयः अदन्ताः having अ in end, अग्लोपी that drop the अकारः, hence these are listed without candrabindu. E.g. 1918 aṃs अंस

arh	अहँ	U	St	T	1830	il	इलँ	U	St	T	1660
al	अलँ	P*	St	T	515	iṣ	इषँ	P	St	T	1127
av	अवँ	P	St	T	600	iṣ	इषँ	P	St	T	1351
aś	अशँ	P	St	T	1523	iṣ	इषँ	P	St	T	1525
aś	अशूँ	A	Vt	T	1264	ī	ईङ्	A	At	T	1143
as	असँ	U	St	T	886	īkṣ	ईक्षँ	A	St	T	610
as	असँ	P	St	I	1065	īṅkh	ईखि	P	St	T	142
as	असुँ	P	St	T	1209	īj	ईजँ	A	St	T	182
ah	अहँ	P	St	T	1272	īḍ	ईडँ	A	St	T	1019
āñch	आछि	P	St	T	209	īḍ	ईडँ	U	St	T	1667
āp	आपॄ	P	At	T	1260	īr	ईरँ	A	St	T	1018
āp	आपॄ	U	St	T	1839	īr	ईरँ	U	St	T	1810
ās	आसँ	A	St	I	1021	īrkṣy	ईर्क्ष्यँ	P	St	I	510
i	इण्	P	At	T	1045	īrṣy	ईर्ष्यँ	P	St	I	511
i	इङ्	A	At	T	1046	īś	ईशँ	A	St	I	1020
i	इक्	P	At	T	1047	īṣ	ईषँ	A	St	T	611
ikh	इखँ	P	St	T	140	īṣ	ईषँ	P	St	T	684
iṅkh	इखि	P	St	T	141	īh	ईहँ	A	St	I	632
iṅg	इगि	P	St	T	153	u	उङ्	A	At	I	953
iṭ	इटँ	P	St	T	318	ukṣ	उक्षँ	P	St	T	657
ind	इदि	P	St	I	63	ukh	उखँ	P	St	T	128
indh	जिइन्धीँ	A	St	I	1448	uṅkh	उखि	P	St	T	129
inv	इवि	P	St	T	587	uc	उचँ	P	St	I	1223
il	इलँ	P	St	T	1357	ucch	उछीँ	P	St	T	216

Note: 1351 iṣ इषँ । इषुँ । केचित् उदितं पठन्ति Some consider it with उँ Tag.

ucch	उछीं	P	St	T	1295	ṛj	ऋजँ	A	St	T	176
ujjh	उज्झँ	P	St	T	1304	ṛñj	ऋजिं	A	St	T	177
uñch	उछिं	P	St	T	215	ṛṇ	ऋणुँ	U	St	T	1467
uñch	उछिं	P	St	T	1294	ṛdh	ऋधुँ	P	St	I	1245
uṭh	उठँ	P	St	T	338	ṛdh	ऋधुँ	P	St	I*	1271
udhras	उध्रसँ	U	St	T	1742	ṛph	ऋफँ	P	St	T	1315
und	उन्दीं	P	St	T	1457	ṛmph	ऋम्फँ	P	St	T	1316
ubj	उज्ञँ	P	St	I	1303	ṛṣ	ऋषीं	P	St	T	1287
ubh	उभँ	P	St	T	1319	ṝ	ऋ	P	St	T	1497
umbh	उम्भँ	P	St	T	1320	ej	एजँ	A	St	I	179
urd	उदँ	A	St	I	20	ej	एजँ	P	St	I	234
urv	उर्वीं	P	St	T	569	eṭh	एठँ	A	St	T	267
uṣ	उषँ	P	St	T	696	edh	एधँ	A	St	I	2
uh	उहिरँ	P	St	T	739	eṣ	एषुँ	A	St	T	618
ūn	ऊन	U	St	T	1888	okh	ओखृँ	P	St	T	121
ūy	ऊयीं	A	St	T	483	oṇ	ओणृँ	P	St	T	454
ūrj	ऊर्जँ	U	St	I	1549	olaṇḍ	ओलडिं	U	St	T	1542
ūrṇu	ऊर्णुञ्	U	St	T	1039	kaṃs	कसिं	A	St	T	1024
ūṣ	ऊषँ	P	St	T	683	kak	कर्कँ	A	St	I	90
ūh	ऊहँ	A	St	T	648	kakh	करखँ	P	St	I	120
ṛ	ऋ	P	At	T	936	kakh	करखँ	P	St	I	784
ṛ	ऋ	P	At	T	1098	kag	कगँ	P	St	T	791
ṛc	ऋचँ	P	St	T	1302	kaṅk	ककिं	A	St	T	94
ṛcch	ऋछँ	P	St	I	1296	kac	कचँ	A	St	T	168

kañc	कचिँ	A	St	T*	169	kard	कदेँ	P	St	I	59
kaṭ	कटेँ	P	St	T	294	karb	कबेँ	P	St	T	420
kaṭ	कटीँ	P	St	T	320	karv	कवेँ	P	St	I	581
kaṭh	कठेँ	P	St	I	333	kal	कलेँ	A	St	I	497
kaḍ	कडेँ	P	St	I	360	kal	कलेँ	U	St	T	1604
kaḍ	कडेँ	P	St	T	1380	kal	कल	U	St	T	1865
kaḍḍ	कड्डुँ	P	St	I	349	kall	कल्लुँ	A	St	T	498
kaṇ	कण्णेँ	P	St	I	449	kaṣ	कषेँ	P	St	T	685
kaṇ	कण्णेँ	P	St	I	794	kas	कसेँ	P	St	T	860
kaṇ	कण्णेँ	U	St	T	1715	kāṅkṣ	काक्षिँ	P	St	T	667
kaṇth	कठिँ	A	St	T	264	kāñc	कांचिँ	A	St	T*	170
kaṇth	कठिँ	U	St	I	1847	kāś	काश्रेँ	A	St	I	647
kaṇḍ	कडिँ	A	St	I	282	kāś	काश्रेँ	A	St	I	1162
kaṇḍ	कडिँ	U	St	T	1582	kās	कासुँ	A	St	I	623
katth	कत्थेँ	A	St	T	37	ki	कि	P	At	T	1101
katr	कत्र	U	St	I	1915	kiṭ	किटेँ	P	St	I	301
kath	कथ	U	St	T	1851	kiṭ	किटेँ	P	St	I	319
kan	कनीँ	P	St	I	460	kit	कितेँ	P	St	T	993
kand	कदिँ	P	St	T*	70	kil	किलेँ	P	St	I	1353
kand	कदिँ	A	St	I	772	kīṭ	कीटेँ	U	St	T	1640
kab	कब्रुँ	A	St	I	380	kīl	कीलेँ	P	St	T	524
kam	कमुँ	A	St	T	443	ku	कुङ्	A	At	I	951
kamp	कपिँ	A	St	I	375	ku	कु	P	At	I	1042
karj	कर्जेँ	P	St	T	228	ku	कुङ्	A	At	I	1401

kuṃś	कुशिँ	U	St	T	1765	kup	कुपँ	U	St	T	1779
kuṃs	कुसिँ	U	St	T	1763	kumār	कुमार	U	St	T	1877
kuk	कुकँ	A	St	T	91	kumb	कुबिँ	P	St	T	426
kuc	कुचँ	P	St	T	184	kumb	कुबिँ	U	St	T	1655
kuc	कुचँ	P	St	T	857	kur	कुरँ	P	St	I	1341
kuc	कुचँ	P	St	T	1368	kurd	कुर्दँ	A	St	I	21
kuj	कुजुँ	P	St	T	199	kul	कुलँ	P	St	I	842
kuñc	कुञ्चँ	P	St	I	185	kuṣ	कुषँ	P	St	T	1518
kuṭ	कुटँ	P	St	I	1366	kus	कुसँ	P	St	T	1218
kuṭṭ	कुट्टँ	U	St	T	1558	kusm	कुस्मँ	A	St	I	1711
kuṭṭ	कुट्टँ	A	St	T	1702	kuh	कुह	A	St	T	1901
kuḍ	कुडँ	P	St	I	1383	kūj	कूजँ	P	St	I	223
kuṇ	कुणँ	P	St	I	1335	kūṭ	कूटँ	A	St	T	1701
kuṇ	कुण	U	St	T	1893	kūṭ	कूट	U	St	I	1890
kuṇṭh	कुठिँ	P	St	T	342	kūṭ	कूणँ	A	St	T	1688
kuṇḍ	कुडिँ	A	St	T	270	kūṇ	कूण	U	St	T	1896
kuṇḍ	कुडिँ	P	St	I	322	kūl	कूलँ	P	St	T	525
kuṇḍ	कुडिँ	U	St	T	1583	kṛ	कृञ्	U	At	T	1253
kuts	कुत्सँ	A	St	T	1697	kṛ	डुकृञ्	U	At	T	1472
kuth	कुथँ	P	St	I	1118	kṛd	कृडँ	P	St	I	1382
kunth	कुथिँ	P	St	T	43	kṛt	कृतीँ	P	St	T	1435
kunth	कुन्थँ	P	St	T	1514	kṛt	कृतीँ	P	St	T	1447
kundr	कुदिँ	U	St	T	1539	kṛnv	कृविँ	P	St	T	598
kup	कुपँ	P	St	I	1233	kṛp	कृप	U	St	I	1869

kṛp	कृपूँ	A*	Vt	I	762		krī	डुक्रीञ्	U	At	T	1473
kṛś	कृशँ	P	St	T	1227		krīḍ	क्रीडृँ	P	St	I	350
kṛṣ	कृषँ	P	At	D	990		kruñc	क्रुञ्चँ	P	St	I	186
kṛṣ	कृषँ'	U	At	T	1286		kruḍ	क्रुडँ	P	St	I	1394
kṝ	कृ	P	St	T	1409		krudh	क्रुधँ	P	At	I	1189
kṝ	कृञ्	U	St	T	1485		kruś	क्रुशँ	P	At	T	856
kṝ	कॄ	P	St	T	1496		klath	क्लथँ	P	St	T	802
kṛt	कृतँ	U	St	T	1653		kland	क्लदि	P	St	T*	72
kl̥p	कृपँ	U	St	I	1748		kland	क्लदि	A	St	I	774
ket	केत	U	St	T	1895		klam	क्लमुँ	P	St	I	1207
kep	केपृँ	A	St	I	368		klid	क्लिदूँ	P	Vt	I	1242
kel	केलृँ	P	St	I	537		klind	क्लिदि	A	St	I	15
kai	कै	P	At	I	916		klind	क्लिदि	P	St	T	73
knath	क्नथँ	P	St	T	800		kliś	क्लिशँ	A	St	I	1161
knas	क्नसुँ	P	St	I	1113		kliś	क्लिशूँ	P	Vt	I*	1522
knū	क्नूञ्	U	St	I	1480		klīb	क्लीबृँ	A	St	I	381
knūy	क्नूयीँ	A	St	T	485		kleś	क्लेशँ	A	St	T	607
kmar	क्मरँ	P	St	I	555		kvaṇ	क्वणँ	P	St	I	450
krath	क्रथँ	P	St	T	801		kvath	क्वथँ	P	St	I	846
krand	क्रदि	P	St	T*	71		kṣañj	क्षजि	A	St	T	769
krand	क्रदि	A	St	I	773		kṣaṇ	क्षणुँ	U	St	T	1465
krand	आङः क्रन्दँ	U	St	I	1727		kṣam	क्षमूष्	A	Vt	T	442
krap	क्रपँ	A	St	T	771		kṣam	क्षमूँ	P	Vt	T	1206
kram	क्रमुँ	P*	St*	T	473		kṣamp	क्षपि	U	St	T	1620

Note: 1748 kl̥p कृपँ क्लृप् । By 8.2.18 कृपो रो लः it behaves as kl̥p

kṣar	क्षरँ	P	St	I	851	kṣmāy	क्ष्मायीँ	A	St	T	486
kṣal	क्षलँ	U	St	T	1597	kṣmīl	क्ष्मीलँ	P	St	I	520
kṣi	क्षि	P	At	I*	236	kṣvid	क्ष्विदाँ	P	St	I	1244
kṣi	क्षि	P	At	T	1276	kṣvel	क्ष्वेलृँ	P	St	I	539
kṣi	क्षि	P	At	T	1407	khac	खचँ	P	St	I	1531
kṣiṇ	क्षिणुँ	U	St	T	1466	khaj	खजँ	P	St	T	232
kṣip	क्षिपँ	P	At	T	1121	khañj	खजिँ	P	St	I	233
kṣip	क्षिपँ	U	At	T	1285	khaṭ	खटँ	P	St	T	309
kṣip	क्षिप	U	St	I	1941	khaṭṭ	खट्टँ	U	St	T	1632
kṣī	क्षीष्	P	At	T	1506	khaḍ	खडँ	U	St	T	1580
kṣīj	क्षीजँ	P	St	I	237	khaṇḍ	खडिँ	A	St	T	283
kṣīb	क्षीबृ	A	St	I	382	khaṇḍ	खडिँ	U	St	T	1581
kṣīv	क्षीवुँ	P	St	T	567	khad	खदँ	P	St	T*	50
kṣu	टुक्षु	P	St	I	1036	khan	खनुँ	U	St	T	878
kṣud	क्षुदिर्	U	At	T	1443	kharj	खर्जँ	P	St	T	229
kṣudh	क्षुधँ	P	At	I	1190	khard	खर्दँ	P	St	T	60
kṣubh	क्षुभँ	A*	St	I	751	kharb	खर्बँ	P	St	T	421
kṣubh	क्षुभँ	P	St	I	1239	kharv	खर्वँ	P	St	I	582
kṣubh	क्षुभँ	P	St	I	1519	khal	खलँ	P	St	T	545
kṣur	क्षुरँ	P	St	T	1344	khaṣ	खषँ	P	St	T	686
kṣev	क्षेवुँ	P	St	T	568	khād	खादृँ	P	St	T	49
kṣai	क्षै	P	At	I	913	khiṭ	खिटँ	P	St	I	302
kṣoṭ	क्षोट	U	St	T	1875	khid	खिदँ	A	At	I	1170
kṣṇu	क्ष्णु	P	St	T	1037	khid	खिदँ	P	At	T	1436

khid	खिदँ	A	At	I	1449	garb	गबँ	P	St	T	422
khuj	खुजुँ	P	St	T	200	garv	गवँ	P	St	I	583
khuṇḍ	खुडिँ	U	St	T	1585	garv	गर्व	A	St	I	1907
khur	खुरँ	P	St	T	1342	garh	गहँ	A	St	T	636
khurd	खुदँ	A	St	I	22	garh	गहँ	U	St	T	1845
kheṭ	खेट	U	St	T	1874	gal	गलँ	P	St	T	546
khel	खेलृँ	P	St	I	538	gal	गलँ	A	St	I	1699
khai	खै	P	At	T	912	galbh	गल्भँ	A	St	I	392
khor	खोर्नँ	P	St	I	552	galh	गल्हँ	A	St	T	637
khol	खोलँ	P	St	I	551	gaveṣ	गवेष	U	St	T	1883
khyā	ख्या	P	At	T	1060	gā	गाङ्	A	At	T	950
gaj	गजँ	P	St	I	246	gā	गा	P	At	T	1106
gaj	गजँ	U	St	I	1647	gādh	गाधृँ	A	St	T*	4
gañj	गजि	P	St	I	247	gāh	गाहूँ	A	Vt	T	649
gaḍ	गडँ	P	St	T	777	gu	गुङ्	A	At	I	949
gaṇ	गण	U	St	T	1853	gu	गु	P	At	I	1399
gaṇḍ	गडिँ	P	St	I	65	guj	गुजँ	P	St	I	1369
gaṇḍ	गडिँ	P	St	I	361	guñj	गुजि	P	St	I	203
gad	गदँ	P	St	T	52	guḍ	गुडँ	P	St	T	1370
gad	गदी	U	St	T	1860	guṇ	गुण	U	St	T	1894
gandh	गन्धँ	A	St	T	1684	guṇḍ	गुडिँ	U	St	T	1584
gam	गमूँ	P	At	T	982	gud	गुदँ	A	St	I	24
garj	गजँ	P	St	I	226	gudh	गुधँ	P	St	T	1120
gard	गदँ	P	St	I	57	gudh	गुधँ	P	St	I	1517

Note: 1860 gad गदी Here the ई is not a Tag, but for enunciation. Hence no candrabindu.

gup	गुपँ	A	St	T	970	geṣ	गेषूँ	A	St	T	614
gup	गुपँ	P	St	I	1234	gai	गै	P	At	I	917
gup	गुपँ	U	St	T	1771	gom	गोम	U	St	T	1876
gup	गुपूँ	P	Vt	T	395	goṣṭ	गोष्टँ	A	St	I	257
guph	गुफँ	P	St	T	1317	granth	ग्रथि	A	St	I	36
gumph	गुम्फँ	P	St	T	1318	granth	ग्रन्थँ	P	St	T	1513
gur	गुरीँ	A	St	I	1396	granth	ग्रन्थँ	U	St	T	1825
gurd	गुर्दँ	A	St	I	23	granth	ग्रन्थँ	U	St	T	1838
gurd	गुर्दँ	U	St	I	1665	gras	ग्रसुँ	A	St	T	630
gurv	गुर्वीँ	P	St	I	574	gras	ग्रसँ	U	St	T	1749
guh	गूहूँ	U	Vt	T	896	grah	ग्रहँ	U	St	T	1533
gūr	गूरीँ	A	St	T	1154	grām	ग्राम	U	St	T	1892
gūr	गूरँ	A	St	T	1694	gruc	ग्रुचुँ	P	St	T	197
gr̥	गृ	P	At	T	937	glas	ग्लसुँ	A	St	T	631
gr̥	गृ	A	St	T	1707	glah	ग्लहँ	A	St	T	651
gr̥j	गृजँ	P	St	I	248	gluc	ग्लुचुँ	P	St	T	198
gr̥ñj	गृजिँ	P	St	I	249	gluñc	ग्लुञ्चुँ	P	St	T	201
gr̥dh	गृधुँ	P	St	T	1246	glep	ग्लेपँ	A	St	T	366
gr̥h	गृह	A	St	T	1899	glep	ग्लेपँ	A	St	T	370
gr̥h	गृहूँ	A	Vt	T	650	glev	ग्लेवृँ	A	St	T	503
gr̥̄	गॄ	P	St	T	1410	glai	ग्लै	P	At	I	903
gr̥̄	गॄ	P	St	I	1498	ghagh	घघँ	P	St	T	159
gep	गेपृँ	A	St	T	369	ghaṭ	घटँ	A	St	I	763
gev	गेवृँ	A	St	T	502	ghaṭ	घटँ	U	St	T	1723

Root		Pada	St/At	T/I	No.
ghaṭ	घटँ	U	St	T	1766
ghaṭṭ	घट्टँ	A	St	I	259
ghaṭṭ	घट्टँ	U	St	I	1630
ghaṇṭ	घटिँ	U	St	T	1767
ghas	घसॢँ	P	At	T	715
ghiṇṇ	घिणिँ	A	St	T	434
ghu	घुङ्	A	At	I	952
ghumṣ	घुषिँ	A	St	T	652
ghuṭ	घुटँ	A*	St	T	746
ghuṭ	घुटँ	P	St	T	1385
ghuṇ	घुणँ	A	St	I	437
ghuṇ	घुणँ	P	St	I	1338
ghuṇṇ	घुणिँ	A	St	T	435
ghur	घुरँ	P	St	I	1345
ghuṣ	घुषिर्	P	St	T	653
ghuṣ	घुषिर्	U	St	T	1726
ghūr	घूरीँ	A	St	T	1155
ghūrṇ	घूणँ	A	St	I	438
ghūrṇ	घूणँ	P	St	I	1339
ghṛ	घृ	P	At	T	938
ghṛ	घृ	P	At	T	1096
ghṛ	घृ	U	St	T	1650
ghṛṇ	घृणुँ	U	St	T	1469
ghṛṇṇ	घृणिँ	A	St	T	436
ghṛṣ	घृषुँ	P	St	T	708
ghrā	घ्रा	P	At	T	926
ṅu	ङुङ्	A	At	T	954
cakās	चकासृँ	P	St	I	1074
cak	चकँ	A	St	T*	93
cak	चकँ	P	St	I	783
cakk	चक्कँ	U	St	T	1595
cakṣ	चक्षिङ्	A*	St*	T	1017
cañc	चञ्चुँ	P	St	T	190
caṭ	चटँ	U	St	T	1721
caṇ	चणँ	P	St	T	796
caṇḍ	चडिँ	A	St	I	278
cat	चतेँ	U	St	T	865
cad	चदेँ	U	St	T	866
cand	चदिँ	P	St	T*	68
cap	चपँ	P	St	T	399
cam	चमुँ	P	St	T	469
cam	चमुँ	P	St	T	1274
camp	चपिँ	U	St	T	1619
cay	चयँ	A	St	T	478
car	चरँ	P	St	T	559
car	चरँ	U	St	T	1745
carkarītaṃ ca	चर्करीतं च				1081
carc	चर्चँ	P	St	T	717

Note: 1017 cakṣ चक्षिङ् Here the इ is not a Tag, but given for enunciation. Hence no candrabindu. Anudatta is explicitly mentioned.

1081 carkarītaṃ ca चर्करीतं च is a Ganasutra and not a Root.

carc	चच॑र्ँ	P	St	T	1299	cīk	चीकँ	U	St	T	1827
carc	चच॑र्ँ	U	St	T	1712	cībh	चीभ्रँ	A	St	T	384
carb	चब॑र्ँ	P	St	T	425	cīv	चीवँ	U	St	T	879
carv	चव॑र्ँ	P	St	T	579	cīv	चीवँ	U	St	T	1774
cal	चलिः	P	St	I	812	cukk	चुक्कँ	U	St	T	1596
cal	चलँ	P	St	I	832	cuṭ	चुटँ	P	St	T	1377
cal	चलँ	P	St	I	1356	cuṭ	चुटँ	U	St	T	1613
cal	चलँ	U	St	I	1608	cuṭṭ	चुट्टँ	U	St	I	1560
caṣ	चषँ	U	St	T	889	cuḍ	चुडँ	P	St	T	1392
cah	चहँ	P	St	I	729	cuḍḍ	चुड्डँ	P	St	I	347
cah	चहँ	U	St	T	1626	cuṇṭ	चुटिँ	U	St	T	1659
cah	चह	U	St	I	1866	cuṇḍ	चुडिँ	P	St	I	325
cāy	चायूँ	U	St	T	880	cud	चुदँ	U	St	T*	1592
ci	चिञ्	U	At	D	1251	cup	चुपँ	P	St	I	403
ci	चिञ्	U	St	D	1629	cumb	चुबिँ	P	St	T	429
ci	चि	U	St	T	1794	cumb	चुबिँ	U	St	T	1635
ciṭ	चिटँ	P	St	I	315	cur	चुरँ	U	St	T	1534
cit	चितीँ	P	St	I	39	cul	चुलँ	U	St	T	1602
cit	चितँ	A	St	T	1673	cull	चुल्लँ	P	St	I	531
citr	चित्र	U	St	T	1917	cūr	चूरीँ	A	St	T	1158
cint	चिति	U	St	T	1535	cūrṇ	चूणँ	U	St	T	1552
ciri	चिरि	P	St	T	1277	cūrṇ	चूणँ	U	St	T	1641
cil	चिलँ	P	St	T	1355	cūṣ	चूषँ	P	St	T	673
cill	चिल्लँ	P	St	I	533	cṛt	चृतीँ	P	St	T	1324

Note: 812 cal चलिः Here the इ is not a Tag, but for मित् classification. Hence no candrabindu.

cel	चेलृँ	P	St	I	536	jaj	जजँ	P	St	I	242
ceṣṭ	चेष्टँ	A	St	I	256	jañj	जजि	P	St	I	243
cyu	च्युङ्	A	At	T	955	jaṭ	जटँ	P	St	I	305
cyu	च्यु	U	St	T	1746	jan	जनँ	P	St	I*	1105
cyut	च्युतिर्	P	St	T	40	jan	जनीँ	A	St	I	1149
chañj	छजि	U	St	I	1621	jap	जपँ	P	St	T	397
chad	छदिः	P	St	I	813	jam	जमुँ	P	St	T	471
chad	छदँ	U	St	T	1833	jambh	जभीँ	A	St	I	388
chad	छद	U	St	T	1935	jambh	जभि	U	St	T	1716
chand	छदि	U	St	T	1577	jarj	जजँ	P	St	T	716
cham	छमुँ	P	St	T	470	jarj	जजँ	P	St	T	1298
chard	छदँ	U	St	I	1589	jal	जलँ	P	St	T	833
chaṣ	छषँ	U	St	T	890	jal	जलँ	U	St	T	1543
chid	छिदिर्	U	At	T	1440	jalp	जल्पँ	P	St	T	398
chidr	छिद्र	U	St	T	1924	jaṣ	जषँ	P	St	T	688
chuṭ	छुटँ	P	St	T	1378	jas	जसुँ	P	St	T	1211
chup	छुपँ	P	At	T	1418	jas	जसुँ	U	St	T	1668
chur	छुरँ	P	St	T	1372	jas	जसुँ	U	St	T	1718
chṛd	उँछृदिर्	U	St	T*	1445	jāgṛ	जागृ	P	St	I	1072
chṛd	छृदीँ	U	St	T	1820	ji	जिँ	P	At	I	561
ched	छेद	U	St	T	1934	ji	जिँ	P	At	D*	946
cho	छो	P	At	T	1146	ji	जि	U	St	T	1793
jaṃs	जसिँ	U	St	T	1666	jinv	जिवि	P	St	T	594
jakṣ	जक्षँ	P	St	T*	1071	jiri	जिरि	P	St	T	1278

Note: 813 chad छदिः Here the इ is not a Tag, but for मित् classification. Hence no candrabindu.

jiṣ	जिषुँ	P	St	T	697	jri	ज्रि	P	At	T*	947
jīv	जीवँ	P	St	I	562	jri	ज्रि	U	St	T	1815
juṅg	जुगिँ	P	St	T	157	jvar	ज्वरँ	P	St	I	776
juḍ	जुडँ	P	St	T	1326	jval	ज्वलँ	P	St	I	804
juḍ	जुडँ	P	St	T	1379	jval	ज्वलँ	P	St	I	831
juḍ	जुडँ	U	St	T	1646	jhaṭ	झटँ	P	St	I	306
jut	जुतूँ	A	St	I	32	jham	झमँ	P	St	T	472
juṣ	जुषीँ	A	St	T	1288	jharjh	झर्झँ	P	St	T	718
juṣ	जुषँ	U	St	T	1834	jharjh	झर्झँ	P	St	T	1300
jūr	जूरीँ	A	St	T	1156	jhaṣ	झषँ	P	St	T	689
jūṣ	जूषँ	P	St	T	681	jhaṣ	झषँ	U	St	T	891
jṛmbh	जृभिँ	A	St	I	389	jhṛ	झृषू	P	St	I	1131
jṝ	जृषू	P	St	I	1130	ṭaṅk	टकिँ	U	St	T	1638
jṛ	जृ	P	St	I	1494	ṭal	टलँ	P	St	I	834
jṛ	जृ	U	St	I	1814	ṭik	टिकृँ	A	St	T	103
jeṣ	जेषृँ	A	St	T	616	ṭīk	टीकृँ	A	St	T	104
jeh	जेहँ	A	St	I	644	ṭval	ट्वलँ	P	St	I	835
jai	जै	P	At	I	914	ḍap	डपँ	A	St	T	1676
jñap	ज्ञपँ	U	St	T	1624	ḍip	डिपँ	P	St	T	1232
jñā	ज्ञा	P*	At	T	1507	ḍip	डिपँ	P	St	T	1371
jñā	ज्ञा	P	St	T	811	ḍip	डिपँ	U	St	T	1671
jñā	ज्ञा	U	St	T	1732	ḍip	डिपँ	A	St	T	1677
jyā	ज्या	P	At	I	1499	ḍī	डीङ्	A	St	T	968
jyu	ज्युङ्	A	At	T	956	ḍī	डीङ्	A	St	I	1135

ḍhauk	ढौकुँ	A	St	T	98	tard	तर्दँ	P	St	T	58
taṃs	तसिं	U	St	T	1729	tal	तलँ	U	St	T	1598
tak	तकँ	P	St	I	117	tas	तसुँ	P	St	T	1212
takṣ	तक्षँ	P	St	T	665	tāy	तायुँ	A	St	T	489
takṣ	तक्षँ	P	Vt	T	655	tik	तिकुँ	A	St	T	105
taṅk	तकिं	P	St	I	118	tik	तिकँ	P	St	T	1266
taṅg	तगिं	P	St	T	149	tig	तिगँ	P	St	T	1267
tañc	तञ्चुँ	P	St	T	191	tij	तिजँ	A	St	T	971
tañc	तञ्चूँ	P	Vt	T	1459	tij	तिजँ	U	St	T	1652
taṭ	तटँ	P	St	I	308	tip	तिपुँ	A	At	I	362
taḍ	तडँ	U	St	T	1579	tim	तिमँ	P	St	I	1123
taḍ	तडँ	U	St	T	1801	til	तिलँ	P	St	T	534
taṇḍ	तडिं	A	St	T	280	til	तिलँ	P	St	I	1354
tan	तनुँ	U	St	T	1463	til	तिलँ	U	St	I	1607
tan	तनुँ	U	St	T	1840	tīk	तीकुँ	A	St	T	106
tantr	तन्त्रि	A	St	I	1678	tīr	तीर	U	St	I	1912
tap	तपँ	P	At	T	985	tīv	तीवँ	P	St	I	565
tap	तपँ	A	At	I	1159	tuj	तुजँ	P	St	T	244
tap	तपँ	U	St	T	1818	tuñj	तुजि	P	St	T	245
tam	तमुँ	P	St	I	1202	tuñj	तुजि	U	St	T	1566
tay	तयँ	A	St	T	479	tuñj	तुजि	U	St	T	1755
tark	तर्कँ	U	St	T	1780	tuṭ	तुटँ	P	St	T	1376
tarj	तर्जँ	P	St	T	227	tuḍ	तुड़ुँ	P	St	T	351
tarj	तर्जँ	A	St	T	1681	tuḍ	तुडँ	P	St	T	1386

tuṇ	तुणँ	P	St	I	1332	tūr	तूरीं	A	St	T	1152
tuṇḍ	तुडिँ	A	St	T	276	tūl	तूलँ	P	St	T	527
tutth	तुत्थ	U	St	T	1943	tūṣ	तूषँ	P	St	I	674
tud	तुदँ	U	At	T	1281	tṛmh	तृन्हँ	P	Vt	T	1350
tup	तुपँ	P	St	T	404	tṛṇ	तृणुँ	U	St	T	1468
tup	तुपँ	P	St	T	1309	tṛd	उँतृदिरँ	U	St	T	1446
tuph	तुफँ	P	St	T	408	tṛp	तृपँ	P	St	T	1307
tuph	तुफँ	P	St	T	1311	tṛp	तृपँ	U	St	T	1819
tubh	तुभँ	A*	St	T	753	tṛp	तृपँ	P	Vt	T*	1195
tubh	तुभँ	P	St	T	1241	tṛmph	तृम्फँ	P	St	I	1308
tubh	तुभँ	P	St	T	1521	tṛṣ	जितृषाँ	P	St	I	1228
tump	तुम्पँ	P	St	T	405	tṛh	तृहँ	P	St	T	1455
tump	तुम्पँ	P	St	T	1310	tṛh	तृहँ	P	Vt	T	1348
tumph	तुम्फँ	P	St	T	409	tṝ	तृ	P	St	T	969
tumph	तुम्फँ	P	St	T	1312	tej	तेजँ	P	St	T	231
tumb	तुबिँ	P	St	T	428	tep	तेपृँ	A	St	I	363
tumb	तुबिँ	U	St	T	1657	tev	तेवृँ	A	St	I	499
tur	तुरँ	P	St	I	1102	tyaj	त्यजँ	P	At	T	986
turv	तुर्वीं	P	St	T	570	traṃs	त्रसिं	U	St	T	1761
tul	तुलँ	U	St	T	1599	tṛkṣa (trakṣ)	तृक्षँ (त्रक्षँ)	P	St	T	660
tuṣ	तुषँ	P	At	I	1184	traṅk	त्रकिँ	A	St	T	97
tus	तुसँ	P	St	I	710	trand	त्रदिँ	P	St	I	69
tuh	तुहिरँ	P	St	T	737	trap	त्रपूषँ	A	Vt	I	374
tūṇ	तूणँ	A	St	T	1689	tras	त्रसीं	P	St	I	1117

1195 तृप् explicitly mentioned with Anudatta in Sutra 6.1.59

tras	त्रसँ	U	St	T	1741	dakṣ	दक्षँ	A	St	T	770
truṭ	त्रुटँ	P	St	T	1375	dagh	दघँ	P	St	T	1273
truṭ	त्रुटँ	A	St	T	1698	daṇḍ	दण्ड	U	St	D	1926
trup	त्रुपँ	P	St	T	406	dad	ददँ	A	St	T	17
truph	त्रुफँ	P	St	T	410	dadh	दधँ	A	St	T	8
trump	त्रुम्पँ	P	St	T	407	dam	दमुँ	P	St	T	1203
trumph	त्रुम्फँ	P	St	T	411	dambh	दम्मुँ	P	St	T	1270
trai	त्रैङ्	A	At	T	965	day	दयँ	A	St	T	481
trauk	त्रौकृं	A	St	T	99	daridrā	दरिद्रा	P	St	I	1073
tvakṣ	त्वक्षूँ	P	Vt	T	656	dal	दलँ	P	St	I	548
tvaṅg	त्वगिं	P	St	T	150	dal	दलँ	U	St	T	1751
tvac	त्वचँ	P	St	T	1301	das	दसुँ	P	St	T	1213
tvañc	त्वञ्चुँ	P	St	T	192	dah	दहँ	P	At	T	991
tvar	ञि	A	St	I	775	dā	दाण्	P	At	T	930
	त्वराँ									
tviṣ	त्विषँ	U	At	I	1001	dā	दाप्	P	At	T	1059
tsar	त्सरँ	P	St	I	554	dā	डुदाञ्	U	At	T	1091
thuḍ	थुडँ	P	St	T	1387	dān	दानँ	U	St	T	994
thurv	थुर्वी	P	St	T	571	dāś	दाश्रँ	U	St	T	882
daṃś	दंशँ	P	At	T	989	dāś	दाशँ	P	St	T	1279
daṃś	दंशि	A	St	T	1674	dās	दासुँ	U	St	T	894
daṃś	दंशि	U	St	T	1764	dinv	दिवि	P	St	T	592
daṃs	दसि	A	St	T	1675	div	दिवुँ	P	St	T	1107
daṃs	दसि	U	St	T	1786	div	दिवुँ	A	St	I	1706
dakṣ	दक्षँ	A	St	I	608	div	दिवुँ	U	St	T	1724

diś	दिशँ॑	U	At	T	1283	dṛś	दृशिर्	P	At	T	988
dih	दिहँ॑	U	At	I	1015	dṛh	दॄहँ	P	St	I	733
dī	दीङ्	A	At	I	1134	dṝ	दॄ	P	St	I	808
dīkṣ	दीक्षँ॑	A	St	I	609	dṝ	दॄ	P	St	T	1493
dīdhī	दीधीङ्	A	St	I	1076	de	देङ्	A	At	T	962
dīp	दीपीँ॑	A	St	I	1150	dev	देवृँ॑	A	St	I	500
du	दु॒	P	At	T	944	dai	दैप्	P	At	T	924
du	टुदु॒	P	At	T	1256	do	दो॒	P	At	T	1148
duḥkh	दुःख	U	St	T	1930	dyu	द्यु	P	At	T	1040
durv	दुर्वी	P	St	T	572	dyut	द्युतँ॑	A*	St	I	741
dul	दुलँ	U	St	T	1600	dyai	द्यै	P	At	T	905
duṣ	दुषँ॑	P	At	I	1185	dram	द्रमँ	P	St	T	466
duh	दुहँ॒॑	U	At	D	1014	drā	द्रा	P	At	I	1054
duh	दुहिर्	P	St	T	738	drākh	द्राखृँ	P	St	T	124
dū	दूङ्	A	St	I	1133	drāgh	द्राघृँ	A	St	I	114
dṛ	दृ	P	At	T	1280	drāṅkṣ	द्राक्षि	P	St	I	670
dṛ	दृङ्	A	At	T	1411	drāḍ	द्राडुँ	A	St	I	287
dṛṃh	दृहि	P	St	I	734	drāh	द्राहँ	A	St	I	646
dṛp	दृपँ॑	P	St	I	1313	dru	द्रु	P	At	T	945
dṛp	दृपँ॑	P	Vt	T	1196	druṇ	द्रुणँ	P	St	T	1337
dṛbh	दृभीँ॑	P	St	T	1323	druh	द्रुहँ॑	P	Vt	T	1197
dṛbh	दृभीँ॑	U	St	T	1821	drū	द्रूञ्	U	St	T	1481
dṛbh	दृभँ॑	U	St	T	1822	drek	द्रेकृँ	A	St	I	78
dṛmph	दृम्फँ	P	St	I	1314	drai	द्रै	P	At	I	906

1196 दृप् explicitly mentioned with Anudatta in Sutra 6.1.59

dviṣ	द्विषँ	U	At	T	1013	dhṛj	धृजँ	P	St	T	219
dhakk	धक्कँ	U	St	T	1594	dhṛñj	धृजिँ	P	St	T	220
dhan	धनँ	P	St	I	1104	dhṛṣ	जि	P	St	I	1269
							धृषाँ				
dhanv	धविँ	P	St	T	597	dhṛṣ	धृषँ	U	St	T	1850
dhā	डुधाञ्	U	At	T	1092	dhe	धेट्	P	At	T	902
dhāv	धावुँ	U	St	T*	601	dhek	धेक	U	St	T	1914
dhi	धि	P	At	T	1406	dhor	धोर्ँ	P	St	I	553
dhikṣ	धिक्षँ	A	St	T	603	dhmā	ध्मा	P	At	T	927
dhinv	धिविँ	P	St	T	593	dhyai	ध्यै	P	At	T	908
dhiṣ	धिषँ	P	St	I	1103	dhraj	ध्रजँ	P	St	T	217
dhī	धीङ्	A	At	T	1136	dhrañj	ध्रजिँ	P	St	T	218
dhu	धुञ्	U	At	T	1255	dhraṇ	ध्रणँ	P	St	T	459
dhukṣ	धुक्षँ	A	St	T	602	dhras	उँध्रसँ	P	St	T	1524
dhurv	धुर्वीँ	P	St	T	573	dhrākh	ध्राखृँ	P	St	T	125
dhū	धू	P	St	T	1398	dhrāṅkṣ	ध्राक्षिँ	P	St	I	671
dhū	धूञ्	U	St	T	1835	dhrāḍ	ध्राडुँ	A	St	I	288
dhū	धूञ्	U	Vt	T	1487	dhru	ध्रु	P	At	I	943
dhūp	धूपँ	P	St	T	396	dhru	ध्रु	P	At	I	1400
dhūp	धूपँ	U	St	T	1772	dhrek	ध्रेकृँ	A	St	I	79
dhūr	धूरीँ	A	St	T	1153	dhrai	ध्रै	P	At	T	907
dhūs	धूसँ	U	St	T	1639	dhvaṃs	ध्वंसुँ	A*	St	I	755
dhṛ	धृञ्	U	At	T	900	dhvaj	ध्वजँ	P	St	T	221
dhṛ	धृङ्	A	At	I	960	dhvañj	ध्वजिँ	P	St	T	222
dhṛ	धृङ्	A	At	I	1412	dhvaṇ	ध्वणँ	P	St	T	453

dhvan	ध्वनँ	P	St	I	816	naś	णशँ	P	Vt	I	1194
dhvan	ध्वनँ	P	St	I	828	nas	णसँ	A	St	I	627
dhvan	ध्वन	U	St	I	1889	nah	णहँ	U	At	T	1166
dhvāṅkṣ	ध्वाक्षि	P	St	I	672	nāth	नाथँ	A*	St	T	6
dhvṛ	ध्वृ	P	At	I	939	nādh	नाधँ	A	St	T	7
nakk	नक्कँ	U	St	T	1593	nās	णासुँ	A	St	I	625
nakṣ	णक्षँ	P	St	T	662	niṃs	णिसिँ	A	St	T	1025
nakh	णखँ	P	St	T	134	nikṣ	णिक्षँ	P	St	T	659
naṅkh	णखिँ	P	St	T	135	nij	णिजिँर्	U	At	T	1093
naṭ	णटँ	P	St	I	310	niñj	णिजिँ	A	St	T	1026
naṭ	णटँ	P	St	I	781	nid	णिदँ	U	St	T	871
naṭ	नटँ	U	St	T	1545	nind	णिदिँ	P	St	T	66
naṭ	नटँ	U	St	T	1791	ninv	णिविँ	P	St	T	590
nad	णदँ	P	St	I	54	nil	णिलँ	P	St	T	1360
nad	णदँ	U	St	T	1778	nivās	निवास	U	St	T	1885
nand	टु नदिँ	P	St	I	67	niś	णिशँ	P	St	I	722
nabh	णभँ	A*	St	T	752	niṣk	निष्कँ	A	St	T	1686
nabh	णभँ	P	St	T	1240	nī	णीञ्	U	At	D	901
nabh	णभँ	P	St	T	1520	nīl	णीलँ	P	St	I	522
nam	णमँ	P	At	T	981	nīv	णीवँ	P	St	I	566
nay	णयँ	A	St	T	480	nu	णु	P*	St	T	1035
nard	नदँ	P	St	I	56	nud	णुदँ	U	At	T	1282
nal	णलँ	P	St	T	838	nud	णुदँ	P	At	T	1426
nal	नलँ	U	St	T	1802	nū	णू	P	St	T	1397

nṛt	नृतीँ	P	St	I	1116	pay	पयँ	A	St	T	476
nṝ	नृ	P	St	T	809	parṇ	पर्णँ	U	St	I	1939
nṝ	नृ	P	St	T	1495	pard	पर्दँ	A	St	I	29
ned	णेदँ	U	St	T	872	parp	पर्पँ	P	St	T	412
neṣ	णेषुँ	A	St	T	617	parb	पर्बँ	P	St	T	416
paṃs	पसिँ	U	St	T	1616	parv	पर्वँ	P	St	I	577
pakṣ	पक्षँ	U	St	T	1550	pal	पलँ	P	St	T	839
pac	डुपचँष्	U	At	D	996	palpūl	पल्पूल	U	St	T	1881
pañc	पचिँ	A	St	T	174	paś	पश्यँ	U	St	T	1719
pañc	पचिँ	U	St	T	1651	paṣ	पष	U	St	T	1862
paṭ	पटँ	P	St	T	296	pā	पा	P	At	T	925
paṭ	पटँ	U	St	T	1752	pā	पा	P	At	T	1056
paṭ	पट	U	St	T	1856	pār	पार	U	St	T	1911
paṭh	पठँ	P	St	T	330	pāl	पालँ	U	St	T	1609
paṇ	पणँ	A*	St	T	439	pi	पि	P	At	T	1405
paṇḍ	पडिँ	A	St	T	281	piṃs	पिसिँ	U	St	T	1762
paṇḍ	पडिँ	U	St	T	1615	picch	पिछँ	U	St	T	1576
pat	पतूँ	P	St	I*	845	piñj	पिजिँ	A	St	T*	1028
pat	पत	U	St	T	1861	piñj	पिजिँ	U	St	T	1567
path	पथेँ	P	St	T	847	piñj	पिजिँ	U	St	T	1757
pad	पदँ	A	At	T	1169	piṭ	पिटँ	P	St	I	311
pad	पद	A	St	T	1898	pith	पिठँ	P	St	T	339
pan	पनँ	A*	St	T	440	piṇḍ	पिडिँ	A	St	I	274
panth	पथिँ	U	St	T	1575	piṇḍ	पिडिँ	U	St	I	1669

pinv	पिन्वँ	P	St	T	588	puṣ	पुषँ	P	At	T*	1182
piś	पिशँ	P	St	I	1437	puṣ	पुषँ	P	St	T	700
piṣ	पिषूँ	P	At	T	1452	puṣ	पुषँ	P	St	T	1529
pis	पिसृँ	P	St	T	719	puṣ	पुषँ	U	St	T	1750
pis	पिसँ	U	St	T	1568	puṣp	पुष्पँ	P	St	I	1122
pī	पीड़ँ	A	At	T	1141	pust	पुस्तँ	U	St	T	1590
pīḍ	पीडँ	U	St	T	1544	pū	पूड़ँ	A	St	T	966
pīl	पीलँ	P	St	T	521	pū	पूञ्	U	St	T	1482
pīv	पीवँ	P	St	I	563	pūj	पूजँ	U	St	T	1642
puṃs	पुंसँ	U	St	T	1637	pūy	पूयीँ	A	St	I	484
puṭ	पुटँ	P	St	T	1367	pūr	पूरीँ	A	St	T	1151
puṭ	पुटँ	U	St	T	1753	pūr	पूरीँ	U	St	T	1803
puṭ	पुट	U	St	T	1913	pūl	पूलँ	P	St	I	528
puṭṭ	पुट्टँ	U	St	I	1559	pūl	पूलँ	U	St	T	1636
puḍ	पुडँ	P	St	T	1384	pūṣ	पूषँ	P	St	I	675
puṇ	पुणँ	P	St	I	1333	pṛ	पृ	P	At	T	1258
puṇṭ	पुटिँ	U	St	T	1792	pṛ	पृड़ँ	A	At	I	1402
puth	पुथँ	P	St	T	1119	pṛc	पृचीँ	A	St	T	1030
puth	पुथँ	U	St	T	1775	pṛc	पृचीँ	P	St	T	1462
punth	पुथिँ	P	St	T	44	pṛc	पृचँ	U	St	T	1807
pur	पुरँ	P	St	I	1346	pṛḍ	पृडँ	P	St	T	1328
purv	पुर्वँ	P	St	T	576	pṛṇ	पृणँ	P	St	T	1329
pul	पुलँ	P	St	I	841	pṛth	पृथँ	U	St	T	1554
pul	पुलँ	U	St	I	1601	pṛṣ	पृषुँ	P	St	T	705

pṝ	पृ	P	St	T	1086	proth	प्रोथृँ	U	St	I	867
pṝ	पृ	P	St	T	1489	plih	ब्लिहँ	A	St	T	642
pṝ	पृ	U	St	T	1548	plī	ब्ली	P	At	T	1503
pel	पेलृँ	P	St	T	541	plu	प्लुङ्	A	At	T	958
pev	पेवृँ	A	St	T	504	pluṣ	प्लुषुँ	P	St	T	704
peṣ	पेषृँ	A	St	T	615	pluṣ	प्लुषँ	P	St	T	1115
pes	पेसृँ	P	St	T	720	pluṣ	प्लुषँ	P	St	T	1216
pai	पै	P	At	I	920	pluṣ	प्लुषँ	P	St	T	1528
paiṇ	पैणृँ	P	St	T	458	psā	प्सा	P	At	T	1055
pyāy	ओँ प्यायीँ	A	St	I	488	phakk	फक्कँ	P	St	T	116
pyai	प्यैङ्	A	At	I	964	phaṇ	फणँ	P	St	T	821
pracch	प्रछँ	P	At	D	1413	phal	जि फलाँ	P	St	I	516
prath	प्रथँ	A	St	I	765	phal	फलँ	P	St	I	530
prath	प्रथँ	U	St	T	1553	phull	फुल्लँ	P	St	I	532
pras	प्रसँ	A	St	T	766	phel	फेलँ	P	St	T	542
prā	प्रा	P	At	T	1061	baṃh	बहिँ	A	St	I	633
prī	प्रीङ्	A	At	T*	1144	bad	बदँ	P	St	I	51
prī	प्रीञ्	U	At	T	1474	badh	बधँ	A	St	T	973
prī	प्रीञ्	U	St	T	1836	badh	बधँ	U	St	T	1547
pru	प्रुङ्	A	At	T	957	bandh	बन्धँ	P	At	T	1508
pruḍ	प्रुडँ	P	St	T	324	barb	बबँ	P	St	T	418
pruṣ	प्रुषुँ	P	St	T	703	barh	बहँ	A	St	T	638
pruṣ	प्रुषँ	P	St	T	1527	barh	बहँ	U	St	T	1664
preṣ	प्रेषृँ	A	St	T	619	barh	बहँ	U	St	T	1769

bal	बलँ	P	St	I	840	brh	बृहँ	P	St	I	735
bal	बलँ	U	St	T	1628	brū	ब्रूञ्	U	St	D	1044
balh	बल्हँ	A	St	T	639	brūs	ब्रूसँ	U	St	T	1663
balh	बल्हँ	U	St	T	1770	bhakṣ	भक्षँ	U	St	T	1557
baṣk	बष्क	U	St	T	1916	bhaj	भजँ	U	At	T	998
bast	बस्तँ	A	St	T	1683	bhaj	भजँ	U	St	T	1733
bāḍ	बाड़ँ	A	St	I	286	bhañj	भञ्जोँ	P	At	T	1453
bādh	बाधँ	A	St	T	5	bhañj	भजि	U	St	T	1759
biṭ	बिटँ	P	St	T	317	bhaṭ	भटँ	P	St	T	307
bind	बिदिँ	P	St	I	64	bhaṭ	भटँ	P	St	T	780
bil	बिलँ	P	St	T	1359	bhaṇ	भणँ	P	St	I	447
bil	बिलँ	U	St	T	1606	bhaṇḍ	भडिँ	A	St	T	273
bis	बिसँ	P	St	T	1217	bhaṇḍ	भडिँ	U	St	T	1588
bukk	बुक्कँ	P	St	I	119	bhand	भदिँ	A	St	I	12
bukk	बुक्कँ	U	St	I	1713	bharts	भर्त्सँ	A	St	T	1682
buṅg	बुगिँ	P	St	I	158	bharv	भर्वँ	P	St	T	580
budh	बुधँ	A	At	T	1172	bhal	भलँ	A	St	T	495
budh	बुधँ	P	St	T*	858	bhal	भलँ	A	St	T	1700
budh	बुधिर्	U	St	T	875	bhall	भल्लँ	A	St	T	496
bund	उँबुन्दिर्	U	St	T	876	bhaṣ	भषँ	P	St	I	695
bus	बुसँ	P	St	T	1219	bhas	भसँ	P	St	I	1100
bust	बुस्तँ	U	St	T	1591	bhā	भा	P	At	I	1051
br̥mh	बृहिँ	P	St	I	736	bhāj	भाज	U	St	T	1886
br̥mh	बृहिँ	U	St	T	1768	bhām	भामँ	A	St	I	441

bhām	भाम	U	St	I	1872	bhrakṣ	भ्रक्षँ	U	St	T	892
bhāṣ	भाषँ	A	St	T	612	bhraṇ	भ्रणँ	P	St	I	452
bhās	भासुँ	A	St	I	624	bhram	भ्रमुँ	P	St	I	850
bhikṣ	भिक्षँ	A	St	T	606	bhram	भ्रमुँ	P	St	I	1205
bhid	भिदिर्	U	At	T	1439	bhrasj	भ्रस्जँ	U	At	T	1284
bhī	जिभी	P	At	I	1084	bhrāj	भ्राजृँ	A	St	I	181
bhuj	भुजों	P	At	I	1417	bhrāj	टुभ्राजृँ	A	St	I	823
bhuj	भुजँ	P*	At	T	1454	bhrāś	टुभ्राशृँ	A	St	I	824
bhū	भू	P	St	I	1	bhrī	भ्री	P	At	I	1505
bhū	भू	U	St	T	1747	bhrūṇ	भ्रूणँ	A	St	T	1690
bhū	भू	A*	St	T	1844	bhrej	भ्रेजृँ	A	St	I	180
bhūṣ	भूषँ	P	St	T	682	bhreṣ	भ्रेषृँ	U	St	T	884
bhūṣ	भूषँ	U	St	T	1730	bhlakṣ	भ्लक्षँ	U	St	T	893
bhṛ	भृञ्	U	At	T	898	bhlāś	टुभ्लाशृँ	A	St	I	825
bhṛ	डुभृञ्	U	At	T	1087	bhleṣ	भ्लेषृँ	U	St	I	885
bhṛṃś	भृशि	U	St	T	1787	maṃh	महिँ	A	St	I	634
bhṛj	भृजीँ	A	St	T	178	maṃh	महिँ	U	St	T	1799
bhṛd	भृडँ	P	St	I	1395	makh	मखँ	P	St	T	132
bhṛś	भृशुँ	P	St	I	1224	maṅk	मकिँ	A	St	T	89
bhṝ	भृ	P	St	T	1491	maṅkh	मखिँ	P	St	T	133
bheṣ	भेषृँ	U	St	I	883	maṅg	मगिँ	P	St	T	148
bhyas	भ्यसँ	A	St	I	628	maṅgh	मघिँ	A	St	T	111
bhraṃś	भ्रंशुँ	P	St	I	1225	maṅgh	मघिँ	P	St	I	160
bhraṃs	भ्रंसुँ	A*	St	I	756	mac	मचँ	A	St	I	171

mañc	मचिं	A	St	T	173
maṭh	मठँ	P	St	I	332
maṇ	मणँ	P	St	I	448
maṇth	मठिं	A	St	T	263
maṇḍ	मडिं	A	St	T	272
maṇḍ	मडिं	P	St	T	321
maṇḍ	मडिं	U	St	T	1587
math	मथें	P	St	D	848
mad	मदीं	P	St	I	815
mad	मदीं	P	St	I	1208
mad	मदें	A	St	T	1705
man	मनें	A	At	T	1176
man	मनुं	A	St	T	1471
mantr	मत्रि	A	St	T	1679
manth	मन्थें	P	St	D	42
manth	मथिं	P	St	T	46
manth	मन्थें	P	St	D	1511
mand	मदिं	A	St	T*	13
mabhr	मभ्रें	P	St	T	558
may	मयें	A	St	T	477
marc	मर्चें	U	St	I	1649
marb	मबें	P	St	T	419
marv	मर्वें	P	St	T	578
mal	मलें	A	St	T	493
mall	मल्लें	A	St	T	494
mav	मवें	P	St	T	599
mavy	मव्यें	P	St	T	508
maś	मशें	P	St	I	724
maṣ	मषें	P	St	T	692
mas	मसीं	P	St	I	1221
mask	मस्कें	A	St	T	102
masj	टु मस्जों	P	At	I	1415
mah	महँ	P	St	T	730
mah	मह	U	St	T	1867
mā	मा	P	At	T	1062
mā	माङ्	A	At	T*	1088
mā	माङ्	A	At	T	1142
māṅkṣ	माक्षि	P	St	T	669
mān	मानें	A	St	T	972
mān	मानें	A	St	I	1709
mān	मानें	U	St	T	1843
mārg	मार्गें	U	St	T	1618
mārg	मार्गें	U	St	T	1846
mārj	मार्जें	U	St	I	1648
māh	माहँ	U	St	T	895
mi	डु मिञ्	U	At	T	1250
micch	मिछँ	P	St	T*	1297
miñj	मिजि	U	St	T	1756
mid	जि मिदीं	A*	St	I	743

mid	मिदँ	U	St	T	868	muḍ	मुडँ	P	St	T	323
mid	जिमिदाँ	P	St	I	1243	muṇ	मुणँ	P	St	T	1334
mind	मिदिँ	U	St	T	1541	muṇth	मुठिँ	A	St	T	265
minv	मिवि	P	St	T	589	muṇḍ	मुडिँ	A	St	T	275
mil	मिलँ	P	St	T	1364	muṇḍ	मुडिँ	P	St	T	326
mil	मिलँ	U	St	I	1429	mud	मुदँ	A	St	I	16
miś	मिशँ	P	St	I	723	mud	मुदँ	U	St	T	1740
miśr	मिश्र	U	St	T	1921	mur	मुरँ	P	St	T	1343
miṣ	मिषुँ	P	St	T	699	murch	मुछाँ	P	St	I	212
miṣ	मिषँ	P	St	T	1352	murv	मुर्वीँ	P	St	T	575
mih	मिहँ	P	At	T	992	muṣ	मुषँ	P	St	D	1530
mī	मीङ्	A	At	I	1137	mus	मुसँ	P	St	T	1220
mī	मीञ्	U	At	T	1476	must	मुस्तँ	U	St	I	1631
mī	मी	U	St	T	1824	muh	मुहँ	P	Vt	T	1198
mīm	मीमृँ	P	St	T*	468	mū	मूङ्	A	St	T	967
mīl	मीलँ	P	St	I	517	mūtr	मूत्र	U	St	T	1909
mīv	मीवँ	P	St	I	564	mūl	मूलँ	P	St	I	529
muc	मुचुँ	U	At	T	1430	mūl	मूलँ	U	St	T	1603
muc	मुचँ	U	St	T	1743	mūṣ	मूषँ	P	St	T	676
muj	मुजँ	P	St	I	250	mṛ	मृङ्	A*	At	I	1403
muñc	मुचिँ	A	St	I	172	mṛkṣ	मृक्षँ	P	St	I	664
muñj	मुजिँ	P	St	I	251	mṛg	मृग	A	St	T	1900
muṭ	मुटँ	P	St	I	1374	mrj	मृजूँ	U	St	T	1848
muṭ	मुटँ	U	St	T	1614	mrj	मृजूँ	P	Vt	T	1066

mṛḍ	मृडँ	P	St	T	1327	mlecch	म्लेच्छँ	U	St	I	1662
mṛḍ	मृडँ	P	St	T	1516	mleṭ	म्लेटँ	P	St	I	292
mṛṇ	मृणँ	P	St	T	1331	mlev	म्लेवृँ	A	St	T	506
mṛd	मृदँ	P	St	T	1515	mlai	म्लै	P	At	I	904
mṛdh	मृधुँ	U	St	I	874	yakṣ	यक्षँ	A	St	T	1692
mṛś	मृशँ	P	At	T	1425	yaj	यजँ	U	At	T	1002
mṛṣ	मृषुँ	P	St	T	707	yat	यतीँ	A	St	I	30
mṛṣ	मृषँ	U	St	T	1164	yat	यतँ	U	St	I	1735
mṛṣ	मृषँ	U	St	T	1849	yantr	यत्रि	U	St	T	1536
mṛ	मृ	P	St	T	1492	yabh	यभँ	P	At	I	980
me	मेङ्	A	At	T	961	yam	यमँ	P	At	T	984
med	मेदँ	U	St	T	869	yam	यमः	P	St	T	819
medh	मेधृँ	U	St	T	870	yam	यमँ	U	St	T	1625
mep	मेपृँ	A	St	T	371	yas	यसुँ	P	St	I	1210
mev	मेवृँ	A	St	T	505	yā	या	P	At	T	1049
mnā	म्ना	P	At	T	929	yāc	टुयाचृँ	U	St	D	863
mrakṣ	म्रक्षँ	U	St	I	1661	yu	युञ्	U	At	T	1479
mrad	म्रदँ	A	St	T	767	yu	यु	P	St	T	1033
mruc	म्रुचँ	P	St	T	195	yu	यु	A	St	T	1710
mruñc	म्रुञ्चँ	P	St	T	193	yuṅg	युगिँ	P	St	T	156
mreḍ	म्रेडँ	P	St	I	293	yucch	युछँ	P	St	I	214
mluc	म्लुचँ	P	St	T	196	yuj	युजँ	A	At	I	1177
mluñc	म्लुञ्चँ	P	St	T	194	yuj	युजिर्	U	At	T	1444
mlecch	म्लेच्छँ	P	St	I	205	yuj	युजँ	U	St	T	1806

819 यमोऽपरिवेषणे Here यमो is by sandhi, so Root is read as यमः

yut	युतृँ	A	St	I	31
yudh	युधँ	A	At	I	1173
yup	युपँ	P	St	T	1235
yūṣ	यूषँ	P	St	T	680
yauṭ	यौटृँ	P	St	T	291
raṃh	रहिँ	P	St	T	732
raṃh	रहिँ	U	St	T	1798
rak	रकँ	U	St	T	1736
rakṣ	रक्षँ	P	St	T	658
rakh	रखँ	P	St	T	136
rag	रगँ	P	St	T	785
raṅkh	रखिँ	P	St	T	137
raṅg	रगिँ	P	St	T	144
raṅgh	रघिँ	A	St	T	107
raṅgh	रघिँ	U	St	T	1795
rac	रच	U	St	T	1864
rañj	रञ्जँ	U	At	I	999
rañj	रञ्जँ	U	At	I	1167
raṭ	रटँ	P	St	T	297
raṭ	रटँ	P	St	T	334
raṇ	रणँ	P	St	I	445
raṇ	रणँ	P	St	T	795
rad	रदँ	P	St	T	53
radh	रधँ	P	Vt	T	1193
ranv	रविँ	P	St	T	596
rap	रपँ	P	St	T	401
raph	रफँ	P	St	T	413
rabh	रभँ	A	At	T	974
ram	रमुँ	A	At	I	853
ramph	रफिँ	P	St	T	414
ramb	रबिँ	A	St	I	376
ray	रयँ	A	St	T	482
ras	रसँ	P	St	I	713
ras	रस	U	St	T	1931
rah	रहँ	P	St	T	731
rah	रहँ	U	St	T	1627
rah	रह	U	St	T	1858
rā	रा	P	At	T	1057
rākh	राखृँ	P	St	T	122
rāgh	राघृँ	A	St	I	112
rāj	राजृँ	U	St	I	822
rādh	राधँ	P	At	I	1180
rādh	राधँ	P	At	I	1262
rās	रासुँ	A	St	I	626
ri	रि	P	At	T	1275
ri	रि	P	At	T	1404
riṅg	रिगि	P	St	T	154
ric	रिचिर्	U	At	T	1441

ric	रिचँ	U	St	T	1816	ruś	रुशँ	P	At	T	1419
rinv	रिवि	P	St	T	595	ruṣ	रुषँ	P	St*	T	693
riph	रिफँ	P	St	T	1306	ruṣ	रुषँ	P	St	I	1230
riś	रिशँ	P	At	T	1420	ruṣ	रुषँ	U	St	I	1670
riṣ	रिषँ	P	St	T	694	ruh	रुहँ	P	At	I	859
riṣ	रिषँ	P	St	T	1231	rūkṣ	रूक्ष	U	St	I	1910
rī	रीङ्	A	At	T	1138	rūp	रूप	U	St	T	1933
rī	री	P	At	T	1500	rūṣ	रूषँ	P	St	T	678
ru	रुङ्	A	At	T	959	rek	रेकृँ	A	St	T	80
ru	रु	P	St	T	1034	reṭ	रेटँ	U	St	T	864
rumś	रुशि	U	St	T	1788	rep	रेपृँ	A	St	T	372
rums	रुसि	U	St	T	1790	rebh	रेभृँ	A	St	I	385
ruc	रुचँ	A*	St	I	745	rev	रेवृँ	A	St	I	507
ruj	रुजों	P	At	T	1416	reṣ	रेषृँ	A	St	I	620
ruj	रुजं	U	St	T	1804	rai	रै	P	At	I	909
ruṭ	रुटँ	A*	St	T	747	roḍ	रोडँ	P	St	I	356
ruṭ	रुटँ	U	St	T	1783	rauḍ	रौडँ	P	St	T	355
ruth	रुठँ	P	St	T	336	lakṣ	लक्षँ	U	St	T	1538
ruṇṭ	रुटि	P	St	T	327	lakṣ	लक्षँ	A	St	T	1696
ruṇṭh	रुठि	P	St	T	345	lakh	लखँ	P	St	T	138
rud	रुदिर्	P	St	I	1067	lag	लगँ	P	St	I	786
rudh	अनो रुधँ	A	At	I	1174	lag	लगँ	U	St	T	1737
rudh	रुधिर्	U	At	D	1438	laṅkh	लखि	P	St	T	139
rup	रुपँ	P	St	T	1236	laṅg	लगि	P	St	T	145

laṅgh	लघि	A	St	T*	108	lā	ला	P	At	T	1058
laṅgh	लघि	U	St	T	1760	lākh	लाखँ	P	St	T	123
laṅgh	लघि	U	St	T	1796	lāgh	लाघँ	A	St	I	113
lacch	लछँ	P	St	T	206	lāj	लाजँ	P	St	T	240
laj	लजँ	P	St	T	238	lāñch	लाछि	P	St	T	207
laj	ऑलजीँ	A	St	I	1290	lāñj	लाजि	P	St	T	241
laj	लज	U	St	I	1920	lābh	लाभ	U	St	T	1936
lañj	लजि	P	St	T	239	likh	लिखँ	P	St	T	1365
lañj	लजि	U	St	T	1784	liṅg	लिगि	P	St	T	155
laṭ	लटँ	P	St	I	298	liṅg	लिगि	U	St	T	1739
laḍ	लडँ	P	St	I	359	lip	लिपँ	U	At	T	1433
laḍ	लडिः	P	St	I	814	liś	लिशँ	A	At	I	1179
laḍ	लडँ	U	St	T	1540	liś	लिशँ	P	At	T	1421
laṇḍ	लडि	U	St	T	1800	lih	लिहँ	U	At	T	1016
lap	लपँ	P	St	I	402	lī	लीङ्	A	At	I	1139
labh	डुलभँष्	A	At	T	975	lī	ली	P	At	I	1501
lamb	लबि	A	St	I	377	lī	ली	U	St	T	1811
lamb	लबि	A	St	I	379	luñc	लुञ्चँ	P	St	T	187
larb	लबँ	P	St	T	417	luñj	लुजि	U	St	T	1758
lal	ललँ	A	St	T	1687	luṭ	लुटँ	P	St	T	314
laṣ	लषँ	U	St	T	888	luṭ	लुटँ	A*	St	T	748
las	लसँ	P	St	I	714	luṭ	लुटँ	P	St	I	1222
las	लसँ	U	St	I	1728	luṭ	लुटँ	P	St	T	1381
lasj	ऑलस्जीँ	A	St	I	1291	luṭ	लुटँ	U	St	T	1754

Note: 814 laḍ लडिः Here the इ is not a Tag, but for मित् classification. Hence no candrabindu.

luṭh	लुठँ	P	St	T	337	vakh	वखँ	P	St	T	130
luṭh	लुठँ	A*	St	T	749	vaṅk	वकिँ	A	St	I	88
luṭh	लुठँ	P	St	I	1222	vaṅk	वकिँ	A	St	T	95
luṇṭ	लुटिँ	P	St	I	328	vaṅkh	वखिँ	P	St	T	131
luṇṭh	लुठिँ	P	St	T	343	vaṅg	वगिँ	P	St	T	147
luṇṭh	लुठिँ	P	St	T	346	vaṅgh	वघिँ	A	St	T	110
luṇṭh	लुण्ठँ	U	St	T	1563	vac	वचँ	P	At	D	1063
lunth	लुथिँ	P	St	T	45	vac	वचँ	U	St	T	1842
lup	लुपूँ	U	At	T	1431	vaj	वजँ	P	St	T	252
lup	लुपँ	P	St	T	1237	vañc	वञ्चुँ	P	St	T	189
lubh	लुभँ	P	St	T	1238	vañc	वञ्चुँ	A	St	T	1703
lubh	लुभँ	P	St	T	1305	vaṭ	वटँ	P	St	T	300
lumb	लुबिँ	P	St	T	427	vaṭ	वटँ	P	St	T	779
lumb	लुबिँ	U	St	T	1656	vaṭ	वट	U	St	T	1857
lū	लूञ्	U	St	T	1483	vaṭ	वट	U	St	T	1919
lūṣ	लूषँ	P	St	T	677	vaṭh	वठँ	P	St	I	331
lūṣ	लूषँ	U	St	T	1610	vaṇ	वणँ	P	St	I	446
lep	लेपृँ	A	St	T	373	vaṇṭ	वटिँ	U	St	T	1586
lok	लोकृँ	A	St	T	76	vaṇṭh	वठिँ	A	St	I	262
lok	लोकृँ	U	St	T	1776	vaṇḍ	वडिँ	A	St	T	271
loc	लोचृँ	A	St	T	164	vad	वदँ	P*	St	T	1009
loc	लोचृँ	U	St	T	1777	vad	वदँ	U	St	T	1841
loḍ	लोडृँ	P	St	I	357	van	वनँ	P	St	T	462
loṣṭ	लोष्टँ	A	St	I	258	van	वनँ	P	St	T	463
vakṣ	वक्षँ	P	St	I	663						

van	वनँ	P	St	T	803
van	वनुँ	A*	St	T	1470
vand	वदिँ	A	St	T	11
vap	डुवपँ	U	At	T	1003
vabhr	वभ्रँ	P	St	T	557
vam	टुवमँ	P	St	T	849
vay	वयँ	A	St	T	475
var	वर	U	St	T	1852
varc	वर्चँ	A	St	I	162
varṇ	वर्णँ	U	St	T	1551
varṇ	वर्णं	U	St	T	1938
vardh	वर्धँ	U	St	T	1654
varṣ	वर्षँ	A	St	I	613
varh	वर्हँ	A	St	T	640
val	वलँ	A	St	T	491
valk	वल्कँ	U	St	T	1571
valg	वल्गँ	P	St	T	143
valbh	वल्म्भँ	A	St	T	391
vall	वल्लँ	A	St	T	492
valh	वल्हँ	A	St	T	641
vaś	वशँ	P	St	T	1080
vaṣ	वषँ	P	St	T	691
vas	वसँ	P	At	I	1005
vas	वसँ	A	St	T	1023
vas	वसुँ	P	St	I	1214
vas	वसँ	U	St	T	1744
vas	वस	U	St	T	1942
vask	वस्कँ	A	St	T	101
vah	वहँ	U	At	D*	1004
vā	वा	P	At	T	1050
vāṅkṣ	वाङ्क्षि	P	St	T	668
vāñch	वाछि	P	St	T	208
vāt	वात	U	St	T	1882
vāś	वाश्रँ	A	St	I	1163
vās	वास	U	St	T	1884
vāh	वाहँ	A	St	I	645
vic	विचिरँ	U	At	T	1442
vicch	विछँ	P	St	T	1423
vicch	विछँ	U	St	T	1773
vij	विजिरँ	U	At	I	1094
vij	ओँविजीँ	A	St	I	1289
vij	ओँविजीँ	P	St	I	1460
viṭ	विटँ	P	St	I	316
vith	विथृँ	A	St	D	33
vid	विदँ	A	At	I	1171
vid	विदँ	A	At	T	1450
vid	विदँ	P	St	T	1064
vid	विदँ	A	St	T	1708

1003 डुवप् Here प् is not a Tag letter, hence we have given candrabindu.

vid	विद्ाँ	U	Att*	T	1432	vṛdh	वृधुँ	A*	St*	I	759
vidh	विधँ	P	St	T	1325	vṛdh	वृधुँ	U	St	T	1782
vil	विलँ	P	St	T	1358	vṛś	वृशँ	P	St	T	1226
vil	विलँ	U	St	T	1605	vṛṣ	वृषुँ	P	St	T	706
viś	विशँ	P	At	T	1424	vṛṣ	वृषँ	A	St	I	1704
viṣ	विषुँ	P	At	T	698	vṛh	वृहँ	P	Vt	T	1347
viṣ	विष्ाुँ	U	At	T	1095	vṛ	वृञ्	U	St	T	1486
viṣ	विषँ	P	At	I	1526	vṛ	वृ	P	St	T	1490
viṣk	विष्कँ	A	St	T	1685	ve	वेञ्	U	At	T	1006
viṣk	विष्क	U	St	T	1940	veṇ	वेणृँ	U	St	T	877
vī	वी	P	At	T	1048	veth	वेथृँ	A	St	D	34
vīr	वीर	A	St	T	1903	vep	टुवेपृँ	A	St	I	367
vṛ	वृञ्	U	St	T	1254	vel	वेलृँ	P	St	T	535
vṛ	वृङ्	A	St	T	1509	vel	वेल	U	St	T	1880
vṛ	वृञ्	U	St	T	1813	vell	वेल्लँ	P	St	I	540
vṛk	वृकँ	A	St	T	92	vevī	वेवीङ्	A	St	T*	1077
vṛkṣ	वृक्षँ	A	St	T	604	veṣṭ	वेष्टँ	A	St	T	255
vṛj	वृजीँ	A	St	T	1029	veh	वेहँ	A	St	I	643
vṛj	वृजीँ	P	St	T	1461	vai	ओँवै	P	At	I	921
vṛj	वृजीँ	U	St	T	1812	vyac	व्यचँ	P	St	T	1293
vṛṇ	वृणँ	P	St	T	1330	vyath	व्यथँ	A	St	I	764
vṛt	वृतुँ	A*	St*	I	758	vyadh	व्यधँ	P	At	T	1181
vṛt	वृतुँ	A	St	T	1160	vyay	व्ययँ	U*	St	T	881
vṛt	वृतुँ	U	St	T	1781	vyay	व्यय	U	St	T	1932

Root					No.
vyuṣ	व्युषँ	P	St	T	1114
vyuṣ	व्युषँ	P	St	T	1215
vye	व्येञ्	U	At	T	1007
vraj	व्रजँ	P	St	T	253
vraj	व्रजँ	U	St	T	1617
vraṇ	व्रणँ	P	St	I	451
vraṇ	व्रण	U	St	T	1937
vraśc	ओव्रश्चूँ	P	Vt	T	1292
vrī	व्रीड़	A	At	T	1140
vrī	व्री	P	At	T	1504
vrīḍ	व्रीडँ	P	St	T	1126
vruḍ	व्रुडँ	P	St	T	1393
vlī	व्ली	P	At	T	1502
śaṃs	आङः शासि	A	St	T	629
śaṃs	शंसुँ	P	St	T	728
śak	शक्लृँ	P	At	I	1261
śak	शकँ	U	At*	I	1187
śaṅk	शकिँ	A	St	T	86
śac	शचँ	A	St	T	165
śaṭ	शटँ	P	St	T	299
śaṭh	शठँ	P	St	T	340
śaṭh	शठँ	U	St	T	1564
śaṭh	शठँ	A	St	T	1691
śaṭh	शठ	U	St	T	1854
śaṇ	शणँ	P	St	T	797
śaṇḍ	शडिँ	A	St	I	279
śad	शदॢँ	P*	At	I	855
śad	शदॢँ	P*	At	I	1428
śap	शपँ	U	At	T	1000
śap	शपँ	U	At	T	1168
śabd	शब्दँ	U	St	T	1714
śam	शमः	P	St	T	818
śam	शमुँ	P	St	I	1201
śam	शमँ	A	St	T	1695
śamb	शम्बँ	U	St	T	1556
śarb	शर्बँ	P	St	T	423
śarv	शर्वँ	P	St	T	585
śal	शलँ	A	St	I	490
śal	शलँ	P	St	T	843
śalbh	शल्भँ	A	St	T	390
śav	शवँ	P	St	T	725
śaś	शशँ	P	St	I	726
śaṣ	शषँ	P	St	T	690
śas	शसुँ	P	St	T	727
śākh	शाखृँ	P	St	T	126
śāḍ	शाडुँ	A	St	T	289
śān	शानँ	U	St	T	995
śās	आङः शासुँ	A	St	T	1022

818 शमोऽदर्शने Here शमो is by sandhi, so Root is read as शमः

śās	शासुँ	P	St	D	1075	śudh	शुधँ	P	At	I	1191
śi	शिञ्	U	At	T	1249	śun	शुनँ	P	St	T	1336
śikṣ	शिक्षँ	A	St	T	605	śundh	शुन्धँ	P	St	I	74
śiṅgh	शिघिँ	P	St	T	161	śundh	शुन्धँ	U	St	I	1832
śiñj	शिजिँ	A	St	I	1027	śubh	शुभँ	P	St	T	432
śiṭ	शिटँ	P	St	T	303	śubh	शुभँ	A*	St	I	750
śil	शिलँ	P	St	T	1362	śubh	शुभँ	P	St	I	1321
śiṣ	शिषँ	P	At	T	687	śumbh	शुम्भँ	P	St	T	433
śiṣ	शिषुँ	P	At	T	1451	śumbh	शुम्भँ	P	St	I	1322
śiṣ	शिषँ	U	St	T	1817	śulk	शुल्कँ	U	St	T	1618
śī	शीङ्	A	St	I	1032	śulb	शुल्बँ	U	St	T	1611
śīk	शीकृँ	A	St	T	75	śuṣ	शुषँ	P	At	I	1183
śīk	शीकँ	U	St	T	1789	śūr	शूरीँ	A	St	T	1157
śīk	शीकँ	U	St	T	1826	śūr	शूर	A	St	T	1902
śībh	शीभुँ	A	St	T	383	śūrp	शूर्पँ	U	St	T	1612
śīl	शीलँ	P	St	I	523	śūl	शूलँ	P	St	T	526
śīl	शील	U	St	T	1878	śūṣ	शूषँ	P	St	T	679
śuc	शुचँ	P	St	I	183	śṛdh	श्रृधुँ	A*	St*	I	760
śuc	ईशुचिर्	U	St	I	1165	śṛdh	श्रृधुँ	U	St	I	873
śucy	शुच्यँ	P	St	I	513	śṛdh	श्रृधुँ	U	St	T	1734
śuṭh	शुठँ	P	St	T	341	śṝ	शॄ	P	St	T	1488
śuṭh	शुठँ	U	St	I	1644	śel	शेलृँ	P	St	T	543
śuṇṭh	शुठिँ	P	St	T	344	śai	शै	P	At	T	918
śuṇṭh	शुठिँ	U	St	T	1645	śo	शो	P	At	T	1145

śoṇ	शोणॄँ	P	St	I	455	śru	श्रु	P	At	T	942
śauṭ	शौटॄँ	P	St	I	290	śrai	श्रै	P	At	T	919
ścyut	श्च्युतिर्	P	St	T	41	śroṇ	श्रोणॄँ	P	St	I	456
śmīl	श्मीलँ	P	St	I	518	ślaṅk	श्लकिँ	A	St	T	85
śyai	श्यैङ्	A	At	T	963	ślaṅg	श्लगिँ	P	St	T	152
śraṅk	श्रकिँ	A	St	T	84	ślatha	श्लथँ	P	St	T	800
śraṅg	श्रगिँ	P	St	T	151	ślākh	श्लाखृँ	P	St	T	127
śraṇ	श्रणँ	P	St	T	798	ślāgh	श्लाघृँ	A	St	T	115
śraṇ	श्रणँ	U	St	T	1578	śliṣ	श्लिषँ	P	At	T	1186
śrath	श्रथँ	P	St	T	799	śliṣ	श्लिषुँ	P	St	T	702
śrath	श्रथँ	U	St	I	1546	śliṣ	श्लिषँ	U	St	T	1574
śrath	श्रथँ	U	St	T	1823	ślok	श्लोकृँ	A	St	T	77
śrath	श्रथ	U	St	I	1870	śloṇ	श्लोणॄँ	P	St	I	457
śranth	श्रथिँ	A	St	I	35	śvaṅk	श्वकिँ	A	St	T	96
śranth	श्रन्थँ	P	St	T	1510	śvac	श्वचँ	A	St	T	166
śranth	श्रन्थँ	P	St	T	1512	śvañc	श्वचिँ	A	St	T	167
śranth	श्रन्थँ	U	St	T	1837	śvaṭh	श्वठँ	U	St	T	1565
śram	श्रमुँ	P	St	I	1204	śvaṭh	श्वठ	U	St	T	1855
śrambh	श्रम्भुँ	A	St	I	393	śvabhr	श्वभ्रँ	U	St	T	1623
śrā	श्रा	P	At	T	810	śvart	श्वर्तँ	U	St	T	1622
śrā	श्रा	P	At	T	1053	śval	श्वलँ	P	St	I	549
śri	श्रिञ्	U	St	T	897	śvalk	श्वल्कँ	U	St	T	1570
śriṣ	श्रिषुँ	P	St	T	701	śvall	श्वल्लँ	P	St	I	550
śrī	श्रीञ्	U	At	T	1475	śvas	श्वसँ	P	St	I	1069
						śvi	टुओँ श्वि	P	St	I	1010

śvit	श्विताँ	A*	St	I	742	samb	षम्बँ	U	St	T	1555
śvind	श्विदिँ	A	St	I	10	sarj	षर्जँ	P	St	T	225
ṣṭhiv	ष्ठिवुँ	P	St	I	560	sarb	षर्बँ	P	St	T	424
ṣṭhiv	ष्ठिवुँ	P	St	T	1110	sarv	षर्वँ	P	St	T	586
ṣvask	ष्वष्कँ	A	St	T	100	sal	षलँ	P	St	T	547
saṃst	षस्तिँ	P	St	I	1079	sas	षसँ	P	St	I	1078
sag	षगेँ	P	St	T	789	sasj	षस्जँ	P*	St	T	202
sagh	षघेँ	P	St	T	1268	sah	षहँ	A	St	T	852
saṅket	सङ्केत	U	St	T	1891	sah	षहँ	P	St	I	1128
saṅ grām	सङ्ग्रामेँ	A	St	I	1922	sah	षहँ	U	St	T	1809
sac	षचँ	A	St	T	163	sādh	साधँ	P	At	T	1263
sac	षचँ	U	St	I	997	sāntv	सान्त्वँ	U	St	T	1569
sañj	षञ्जँ	P	At	T	987	sām	साम	U	St	T	1879
saṭ	षटँ	P	St	I	313	sār	सार	U	St	T	1868
saṭṭ	षट्टँ	U	St	T	1633	si	षिञ्	U	At	T	1248
saṇ	षणँ	P	St	T	464	si	षिञ्	U	At	T	1477
satr	सत्र	A	St	I	1906	sic	षिचँ	U	At	T	1434
sad	षदॢँ	P	At	T	854	siṭ	षिटँ	P	St	T	304
sad	षदॢँ	P	At	I	1427	sidh	षिधुँ	P	At	I	1192
sad	आङः षदँ	U	St*	T	1831	sidh	षिधँ	P	St	T	47
san	षणुँ	U	St	T	1464	sidh	षिधूँ	P	Vt	T	48
sap	षपँ	P	St	T	400	sil	षिलँ	P	St	T	1363
sabhāj	सभाज	U	St	T	1887	siv	षिवुँ	P	St	T	1108
sam	षमँ	P	St	I	829	su	षु	P	At	T*	941

1922 सङ्ग्रामेँ explicitly mentioned Anudatta with अ candrabindu in Siddhanta Kaumudi.

su	घु	P	At	T	1041	sai	षै	P	At	I	915
su	षुञ्	U	At	T*	1247	so	षो	P	At	T	1147
sukh	सुख	U	St	T	1929	skand	स्कन्दिर्	P	At	T	979
suṭṭ	षुट्टँ	U	St	T	1562	skambh	स्कभि	A	St	T	387
sur	षुरँ	P	St	I	1340	sku	स्कुञ्	U	At	T	1478
suh	षुहँ	P	St	I	1129	skund	स्कुदि	A	St	T	9
sū	षू	P	St	T	1408	skhad	स्खदँ	A	St	T	768
sū	षूङ्	A	Vt	T	1031	skhad	स्खदिर्	A	St	T	820
sū	षूङ्	A	Vt	T	1132	skhal	स्खलँ	P	St	I	544
sūc	सूच	U	St	T	1873	stak	ष्टकँ	P	St	T	782
sūtr	सूत्र	U	St	T	1908	stag	ष्टगें	P	St	T	790
sūd	षूदँ	A	St	I	25	stan	ष्टनँ	P	St	I	461
sūd	षूदँ	U	St	T	1717	stan	स्तन	U	St	T	1859
sūrkṣ	सूर्क्षँ	P	St	T	666	stam	ष्टमँ	P	St	I	830
sūrkṣy	सूर्क्ष्यँ	P	St	I	509	stambh	ष्टभि	A	St	T	386
sṛ	सृ	P	At	T	935	stigh	ष्टिघँ	A	St	T	1265
sṛ	सृ	P	At	T	1099	stip	ष्टिपुँ	A	St	I	364
sṛj	सृजँ	A	At	I	1178	stim	ष्टिमँ	P	St	I	1124
sṛj	सृजँ	P	At	T	1414	stīm	ष्टीमँ	P	St	I	1125
sṛp	सृपँ	P	At	T	983	stu	ष्टुञ्	U	At	T	1043
sṛbh	सृभुँ	P	St	T	430	stuc	ष्टुचँ	A	St	I	175
sṛmbh	सृम्भुँ	P	St	T	431	stup	ष्टुपँ	U	St	T	1672
sek	सेकृँ	A	St	T	81	stubh	ष्टुभुँ	A	St	I	394
sev	षेवृँ	A	St	T	501	str	स्तृञ्	U	At	T	1252

stṛh	स्तृूहुँ	P	Vt	T	1349	spaś	स्पशाँ	A	St	T	1680
stṝ	स्तृञ्	U	St	T	1484	spṛ	स्पृ	P	At	T	1259
sten	स्तेन	U	St	T	1897	spṛś	स्पृशाँ	P	At	T	1422
step	ष्टेपुँ	A	St	I	365	spṛh	स्पृह	U	St	T	1871
stai	ष्टै	P	At	T	922	sphāy	स्फायीँ	A	St	I	487
stom	स्तोम	U	St	T	1923	sphiṭṭ	स्फिट्टँ	U	St	T	1634
styai	स्त्यै	P	At	I	910	sphuṭ	स्फुटँ	A	St	I	260
styai	ष्ट्यै	P	At	I	911	sphuṭ	स्फुटिरॢ	P	St	I	329
strakṣ	ष्ट्रक्षँ	P	St	T	661	sphuṭ	स्फुटँ	P	St	I	1373
sthal	छलँ	P	St	I	836	sphuṭ	स्फुटँ	U	St	I	1722
sthā	ष्ठा	P*	At	I	928	sphuḍ	स्फुडँ	P	St	T	1391
sthuḍ	स्थुडँ	P	St	T	1388	sphuṇḍ	स्फुडिँ	U	St	T	1537
sthūl	स्थूल	A	St	I	1904	sphur	स्फुरँ	P	St	I	1389
snas	ष्णसुँ	P	St	T	1112	sphurch	स्फुच्छाँ	P	St	I	213
snā	ष्णा	P	At	I	1052	sphul	स्फुलँ	P	St	I	1390
snih	ष्णिहँ	U	St	I	1572	sphūrj	टुआँ स्फूर्जाँ	P	St	I	235
snih	ष्णिहँ	P	Vt	I	1200	smi	ष्मिङ्	A	At	I	948
snu	ष्णु	P	St	I	1038	smiṭ	स्मिटँ	U	St	T	1573
snus	ष्णुसुँ	P	St	T	1111	smīl	स्मीलँ	P	St	I	519
snuh	ष्णुहँ	P	Vt	T	1199	smṛ	स्मृ	P	At	T	933
snai	ष्णै	P	At	T	923	smṛ	स्मृ	P	At	T	807
spand	स्पदिँ	A	St	I	14	syand	स्यन्दूँ	A*	Vt	I	761
spardh	स्पर्धँ	A	St	I	3	syam	स्यमुँ	P	St	I	826
spaś	स्पशाँ	U	St	T	887	syam	स्यमेँ	A	St	T	1693

Root		Voice	Type	T/I	No.	Root		Voice	Type	T/I	No.
sraṃs	खंसुँ	A*	St	I	754	hay	हयँ	P	St	T	512
sraṅk	खकिँ	A	St	T	83	hary	हर्यँ	P	St	T	514
srambh	खम्भुँ	A*	St	I	757	hal	हलँ	P	St	T	837
sriv	खिवुँ	P	St	T	1109	has	हसँ	P	St	I	721
sru	सु	P	At	T	940	hā	ओँ हाङ्	A	At	T	1089
srek	खेकृँ	A	St	T	82	hā	ओँ हाक्	P	At	T	1090
svañj	ष्वञ्जँ	A	At	T	976	hi	हि	P	At	T	1257
svad	ष्वदँ	A*	St	T	18	hiṃs	हिसि	P	St	T	1456
svad	ष्वदँ	U	St	T	1805	hiṃs	हिसि	U	St	T	1829
svan	स्वनँ	P	St	I	817	hikk	हिक्कँ	U	St	I	861
svan	स्वनुँ	P	St	I	827	hiṇḍ	हिडिँ	A	St	T	268
svap	ञि ष्वपँ	P	At	I	1068	hinv	हिवि	P	St	T	591
svar	स्वर	U	St	T	1863	hil	हिलँ	P	St	T	1361
svard	स्वर्दँ	A	St	T	19	hu	हु	P	At	T	1083
svād	स्वादँ	A	St	T	28	huḍ	हुडँ	P	St	T	352
svid	ष्विदाँ	P	At	I	1188	huṇḍ	हुडिँ	A	St	T	269
svid	ञि ष्विदाँ	A*	St	I	744	huṇḍ	हुडिँ	A	St	T	277
svid	ञि ष्विदाँ	P	St	I	978	hurch	हुछाँ	P	St	I	211
svṛ	स्वृ	P	Vt	I	932	hul	हुलँ	P	St	T	844
haṭ	हटँ	P	St	I	312	hūḍ	हूडँ	P	St	T	353
haṭh	हठँ	P	St	I	335	hṛ	हृञ्	U	At	D	899
had	हदँ	A	At	I	977	hṛ	ह	P	At	T	1097
han	हनँ	P*	Att*	T	1012	hṛṣ	हषुँ	P	St	I	709
hamm	हम्मँ	P	St	T	467	hṛṣ	हषँ	P	St	I	1229

heṭh	हेठँ	A	St	T	266
heṭh	हेठँ	P	St	T	1532
heḍ	हेड़ँ	A	St	T	284
heḍ	हेड़ँ	P	St	T	778
heṣ	हेषृँ	A	St	I	621
hoḍ	होड़ँ	A	St	T	285
hoḍ	होड़ँ	P	St	T	354
hnu	हुड्ड	A	At	T	1082
hmal	ह्मलँ	P	St	I	806
hrag	ह्रगोँ	P	St	T	787
hras	ह्रसँ	P	St	I	711
hrād	ह्रादँ	A	St	I	26
hrī	ह्री	P	At	I	1085
hrīcch	ह्रीछँ	P	St	I	210
hreṣ	ह्रेषृँ	A	St	I	622
hlag	ह्लगोँ	P	St	T	788
hlap	ह्लपँ	U	St	T	1658
hlas	ह्लसँ	P	St	I	712
hlād	ह्लादिँ	A	St	I	27
hval	ह्वलँ	P	St	I	805
hvṛ	ह्वृ	P	At	I	931
hvṛ	ह्वृ	P	At	T	934
hve	ह्वेञ्	U	At	T	1008

Root changes by Ashtadhyayi Sutras

Affixes for the Ten Lakaras Tenses and Moods are known as तिङ् *tiṅ* Ting Affixes. When these join a Root, a Verb is made.

ghu घु Roots = 6nos

1.1.20 dādhā ghvadāp । Roots *dā dhā* except *dāp* are called *ghu* ।

6.1.45 ādeca upadeśe'śiti । For Roots ending in एच् *ec* diphthong, आ *ā* replaces the diphthong.

By these two Sutras, the following **six** Roots get the definition *ghu* ।
930 dā 962 de 1091 dā 1148 do

1092 dhā 902 dhe

Roots with Initial ष् ṣ change to स् s = 87nos

6.1.64 dhātvādeḥ ṣaḥ saḥ । For ṣakāraḥ beginning Roots of Dhatupatha it is changed to sakāraḥ at the time of word construction.

Paribhasha nimittāpāye naimittikasyāpyapāyaḥ also applies

- If a Root contains ष् *ṣ* and ण् *ṇ* , then by Paribhasha ṇakāraḥ reverts back to nakāraḥ
- If a Root contains ष् *ṣ* and ट *ṭ* , then by Paribhasha ṭakāraḥ reverts back to takāraḥ
- If a Root contains ष् *ṣ* and ठ *ṭh* , then by Paribhasha ṭhakāraḥ reverts back to thakāraḥ

18 ṣvadam̐ svad 25 ṣūdam̐ sūd 47 ṣidhūm̐ sidh 48 ṣacam̐ sac 163 ṣṭucam̐ stuc 202 ṣasjam̐ sasj 225 ṣarjam̐ sarj 304 ṣiṭam̐ siṭ 313 ṣaṭam̐ saṭ 364 ṣṭipṛm̐ stip 365 ṣṭepṛm̐ step 386 ṣṭabhim̐ stabhim̐ stambh 394 ṣṭubhum̐ stubh 400 ṣapam̐ sap 424 ṣarbam̐ sarb 430 ṣṛbhum̐ sṛbh 431 ṣṛmbhum̐ sṛmbh 461 ṣṭanam̐ stan 464 ṣaṇam̐ san 501 ṣevṛm̐ sev

547 ṣalaṁ sal 586 ṣarvaṁ sarv 661 ṣṭrakṣaṁ strakṣ 744 ñiṣvidāṁ svid 782 ṣṭakaṁ stak 789 ṣageṁ sag 790 ṣṭageṁ stag 829 ṣamaṁ sam 830 ṣṭamaṁ stam 836 ṣṭhalaṁ sthal 852 ṣahaṁ sah 854 ṣadḷṁ sad 911 ṣṭayai styai 915 ṣai sai 922 ṣṭai stai 923 ṣṇai snai 928 ṣṭhā sthā 941 ṣu su 948 ṣmiṅ smi 976 ṣvañjaṁ svañj 978 ñiṣvidāṁ svid 987 ṣañjaṁ sañj 997 ṣacaṁ sac 1031 ṣūṅ sū 1038 ṣṇu snu 1041 ṣu su 1043 ṣṭuñ stu 1052 ṣṇā snā 1068 ñiṣvapaṁ svap 1078 ṣasaṁ sas 1079 ṣastiṁ sastiṁ saṁst 1108 ṣivuṁ siv 1109 ṣrivuṁ sriv 1111 ṣṇusuṁ snus 1112 ṣṇasaṁ snas 1124 ṣṭimaṁ stim 1125 ṣṭīmaṁ stīm 1128 ṣahaṁ sah 1129 ṣuhaṁ suh 1132 ṣūṅ sū 1147 ṣo so 1188 ṣvidāṁ svid 1192 ṣidhuṁ sidh 1199 ṣṇuhaṁ snuh 1200 ṣṇihaṁ snih 1247 ṣuñ su 1248 ṣiñ si 1265 ṣṭighaṁ stigh 1268 ṣaghaṁ sagh 1340 ṣuraṁ sur 1363 ṣilaṁ sil 1408 ṣū sū 1427 ṣadḷṁ sad 1434 ṣicaṁ sic 1464 ṣaṇuṁ san 1477 ṣiñ si 1555 ṣambaṁ samb 1562 ṣuṭṭaṁ suṭṭ 1569 ṣāntvaṁ sāntv 1572 ṣṇihaṁ snih 1573 ṣmitaṁ smit 1634 ṣaṭṭaṁ saṭṭ 1673 ṣṭupaṁ stup 1718 ṣūdaṁ sūd 1806 ṣvadaṁ svad 1810 ṣahaṁ sah 1832 ṣadaṁ sad

Roots with Initial ष् ṣ no change = 3nos

6.1.64 dhātvādeḥ ṣaḥ saḥ ǀ Vartika subdhātuṣṭhivuṣvaṣkaṭīnāṁ satvapratiṣedho vaktavyaḥ ǀ

A Vartika says this does not apply to Roots
100 ṣvaṣk 560 ṣṭhiv 1110 ṣṭhiv
and it does not apply to Verbs made from nāma–dhātavaḥ ǀ

Roots with Initial ण् ṇ change to न् n = 35nos

6.1.65 ṇo naḥ ǀ Roots of Dhatupatha with initial ṇakāraḥ is changed to nakāraḥ at the time of word construction. Vartika subdhātorayamapi neṣyate vaktavyaḥ ǀ Except for words made from nāma–dhātavaḥ ǀ

1c
54 णदँ nad 66 णिदिं निदिं nind 134 णखँ nakh 135 णखिं नखिं naṅkh 310 णटँ naṭ 480 णयँ nay 522 णीलँ nīl 566 णीवँ nīv 590 णिविं निविं ninv 617 णेषृं neṣ 625 णासृं nās 627 णसँ nas 659 णिक्षँ nikṣ 662 णक्षँ nakṣ 722 णिशं niś 752 णभँ nabh 781 णटँ naṭ 838 णलँ nal 871 णिदँ nid 872 णेदँ ned 901 णीञ् nī 981 णमँ nam

2c
1025 णिसिं निसिं nims 1026 णिजिं निजिं niñj 1035 णु nu

3c
1093 णिजिँर् nij

4c
1166 णहँ nah 1194 णशँ naś 1240 णभँ nabh

5c None

6c
1282 णुदँ nud 1360 णिलँ nil 1397 णू nū 1426 णुदँ nud

7c 8c None

9c
1520 णभँ nabh

10c
1779 णदँ nad

Roots that take तुक् tuk to make च्छ cch 29nos

6.1.73 che ca I Roots with preceding short vowel (a i u ṛ ḷ) followed by chakāraḥ take tuk augment. This takāraḥ changes to cakāraḥ by 8.4.40 stoḥ ścunā ścuḥ during conjugation process.

6.1.75 dīrghāt I Roots with preceding long vowel (ā ī ū ṝ e ai o au) followed by chakāraḥ take tuk augment. This takāraḥ changes to cakāraḥ by 8.4.40 stoḥ ścunā ścuḥ during conjugation process.

- **For following Roots, for *all* Verb forms.**
  205 mlecch 206 lacch 210 hrīcch 214 yucch 216 ucch 1295 ucch 1296 ṛcch 1297 micch 1413 pracch 1423 vicch 1576 picch 1662 mlecch 1773 vicch

- **For following Roots, for *laṅ luṅ lṛṅ (liṭ)* Verb forms.**
  470 cham 813 chad 890 chaṣ 1146 cho 1372 chur 1378 chuṭ 1418 chup 1440 chid 1577 chand 1589 chard 1621 chañj 1820 chṛd 1833 chad 1924 chidr 1934 ched 1935 chad

Roots that take reduplication to make च्छ cch 3Nos

8.4.46 aco rahābhyāṃ dve I Roots with vowel (ac) + r / h + yar take reduplication (albeit Optionally). If the Root contains chakāraḥ preceded by r / h preceded by vowel, the chakāraḥ is reduplicated and the reduplicated chakāraḥ changes to cakāraḥ by 8.4.55 khari ca during conjugation process. yar = any consonant except hakāraḥ I

211 hurch 212 murch 213 sphurch **Optional forms** hurcch murcch sphurcch I However these forms are rare in literature.

Root Substitutions during Conjugation

2.4.37 luṅsanorghasḷ I 1011 *ad* gets substituted by 715 *ghasḷ* for *luṅ* and *san* affixes.

2.4.40 liṭyanyatarasyām I 1011 *ad* gets substituted Optionally by 715 *ghasḷm̐* for *liṭ* affixes.

2.4.41 veño vayiḥ I 1006 *veñ* gets substituted Optionally by *vay* for *liṭ* affixes.

2.4.42 hano vadha liṅi I 1012 *han* gets substituted by *vadh* for *āśīrliṅ* affixes.

2.4.43 luṅi ca I 1012 *han* gets substituted by *vadh* for *luṅ* affixes.

2.4.44 ātmanepadeṣvanyatarasyām I 1012 *han* gets substituted Optionally by *vadh* for *luṅ* Atmanepada affixes. By 1.3.28 *āṅo yamahanaḥ* with upasarga *āṅ* Dhatu *han* takes Atmanepada affixes.

2.4.45 iṇo gā luṅi I 1045 *iṇ* replaced by 950 *gā* for *luṅ* affixes. A Vartika says that this applies to Root 1047 *ik* also, i.e. *ik* to *gā* for *luṅ* affixes.

2.4.49 gāṅ liṭi I 1046 *iṅ* replaced by 950 *gāṅ* for *liṭ* affixes.

2.4.49 vibhāṣā luṅlṛṅoḥ I 1046 *iṅ* gets substituted Optionally by 950 *gāṅ* for *luṅ can* and *ṇic* and *san* affixes.

2.4.50 vibhāṣā luṅlṛṅoḥ I 1046 *iṅ* gets substituted Optionally by 950 *gāṅ* for *luṅ* and *lṛṅ* affixes.

2.4.52 asterbhūḥ I 1065 *as* gets substituted Optionally by 1 *bhū* for Ardhadhatuka *lṛṭ lṛṅ luṭ āśīrliṅ liṭ luṅ* affixes.

2.4.53 bruvo vaciḥ ⏐ 1044 *brū* gets substituted by 1063 *vac* during conjugation for Ardhadhatuka affixes (*lṛṭ lṛṅ luṭ āśīrliṅ liṭ luṅ* and others). It also becomes *aniṭ* as per Madhaviya Dhatuvritti. 3.4.84 *bruvaḥ pañcānāmādita āho bruvaḥ* ⏐ 1044 *brū* gets substituted by *āh* for conjugation for *laṭ* Sarvadhatuka affixes iii/1 iii/2 iii/3 ii/1 ii/2.

3.4.84 bruvaḥ pañcānāmādita āho bruvaḥ ⏐ 1044 *brū* gets substituted by āh for conjugation for *laṭ* Sarvadhatuka affixes iii/1 iii/2 iii/3 ii/1 ii/2.

2.4.54 cakṣiṅaḥ khyāñ ⏐ Vartika *kśādirapyayamādeśa iṣyate* ⏐ 1017 *cakṣ* gets substituted by *khyāñ* (1060 *khyā*) during conjugation for Ardhadhatuka affixes. Since *ñ* is added to *khyā* it means that *lṛṭ lṛṅ luṭ āśīrliṅ liṭ luṅ* will become Ubhayepada here. A Vartika says Optionally 1017 *cakṣ* gets substituted by *kśā* for Ardhadhatuka.

2.4.55 vā liṭi ⏐ 1017 *cakṣ* gets substituted Optionally by *khyāñ* during conjugation for *liṭ* ⏐ Extrapolation for Sutra 2.4.54 to *liṭ* ⏐

2.4.56 ajervyaghañapoḥ ⏐ 230 *aj* gets substituted Optionally by 1048 *vī* during conjugation for Ardhadhatuka except *ghañ ap* affixes.

6.1.29 liḍyaṅośca ⏐ 488 *pyāy* to *pī* for *liṭ* and *yaṅ* affixes.

7.4.9 dayaterdigi liṭi ⏐ Root 962 *de* to *digi* for *liṭ* of 1c

<u>Roots that change rupa when facing Sarvadhatuka Affixes</u>
3.1.74 śruvaḥ śṛ ca ⏐ 942 *śru* gets substituted by *śṛ* during conjugation for Sarvadhatuka affixes *laṭ laṅ loṭ vidhiliṅ*

7.3.74 śamām aṣṭānāṃ dīrghaḥ śyani ⏐ For eight Roots *śama* etc., their vowel is replaced by long vowel when facing the affix *śyan* ⏐ 1201 śamu , 1202 tamu , 1203 damu , 1204 śramu , 1205 bhramu , 1206 kṣamu , 1207 klamu , 1208 madī
7.3.75 sthivuklamucamām śiti ⏐ For Roots 560 *sthivu* , 1207 *klamu* , 469 *camu* their vowel is replaced by long vowel when facing a *śit*

affix. Vartika *āṅi cama iti vaktavyam* clarifies that it happens for camu only when the particle *āṅ* is prefixed.

7.3.76 kramaḥ parasmaipadeṣu ꞁ For Root 473 *kramu* the vowel is replaced by long vowel when facing a Parasmaipada *śit* affix. By default this Root is Parasmaipada, so again Parasmaipada is stated here because in some cases Atmanepada affixes get applied to this Root. (Refer Sutras 1.3.38 *vṛttisargatāyaneṣu kramaḥ* to 1.3.43 *anupasargādvā*)

7.3.77 iṣugamiyamāṃ chaḥ ꞁ For Roots 1351 iṣa (iṣu) , 982 gamḷ , 984 yama - Their final letter is replaced by *chakāraḥ* when facing a *śit* affix.

7.3.78 pāghrādhmāsthāmnādāṇdṛśyarttisarttiśadasadāṃ pibajighradhamatiṣṭhamanayaccha-paśyarcchadhauśīyasīdāḥ ꞁ Root Substitutions for Sarvadhatuka affixes *laṭ laṅ loṭ vidhiliṅ* ꞁ

854 sad → sīda → 6.1.97 → sīd

855 śad → śīya → 6.1.97 → śīy (Also 1428 śadḷ → śīya)

925 pā → piba → 6.1.97 → pib

926 ghrā → jighra → 6.1.97 → jighr

927 dhmā → dhama → 6.1.97 → dham

928 sthā → tiṣṭha → 6.1.97 → tiṣṭh

929 mnā → mana → 6.1.97 → man

930 dā → yaccha → 6.1.97 → yacch

935 sṛ → dhau → 6.1.78 → dhāv

936 ṛ → ṛccha → 6.1.97 → ṛcch

988 dṛś → paśya → 6.1.97 → paśy

7.3.79 jñājanorjā ꞁ Roots 1507 jñā , 1149 janī

7.3.80 pvādināṃ hrasvaḥ ꞁ Roots pūñ etc. of 9c

7.3.81 mināternigame ꞁ Root 1476 mīñ of 9c

7.3.82 miderguṇaḥ ꞁ Root 1243 ñimidā of 4c

6.1.45 ādeca upadeśe'śiti I Roots ending in diphthong e ai o au get āt ādeśaḥ in absence of śit affix.

6.4.66 ghumāsthāgāpājahātisāṃ hali I Six Roots defined as ghu by

- 1.1.20 dādhā ghvadāp i.e. 930 dāṇ 962 deṅ 1091 ḍudāñ 1148 do 902 dheṭ 1092 ḍudhāñ , and
- Roots 1062 mā , 1088 mā 928 ṣṭhā 950 gāṅ 1106 gā 925 pā
- 1090 ohāk 1147 ṣo

8.2.18 kṛpo ro laḥ I Roots 762 kṛpū 1748 kṛpeḥ (does not apply to Root 1869 kṛpa)

Roots classified as *mit*

6.4.92 mitāṃ hrasvaḥ ⏐ Roots that have been given mit मित् classification, retain their penultimate short vowel before the Causative ṇic णिच् affix.

mit मित् <u>classification is done by Ganasutras in the Dhatupatha</u>
Ganasutra ghaṭādayo mitaḥ in Dhatupatha for 1c. Applies for Secondary Roots with Causative ṇic णिच् affix.
1c Roots 763 ghaṭa ceṣṭāyām to 821 phaṇa gatau ⏐

Ganasutra jñapa micca ⏐ nānye mito'hetau in Dhatupatha for 10c. Applies to the inherent 10c ṇic णिच् affix.

10c Roots
1624 jñapa jñānajñāpanamāraṇatoṣaṇaniśānaniśāmaneṣu to
1629 ciñ cayane

Roots Indexed on Final Letter

Roots are indexed on final letter, wrt Dhatu Serial No. Given in Devanagari since Dhatu Serial No is already in Roman so locating the Root is easy.

10c Roots with Serial No 1851 to 1943 are कथादयः अदन्ताः having अ in end, अग्लोपी that drop the अकारः, hence these are ◌् listed, with ending consonant.

1081 चर्करीतं च –

◌ा

810 श्रा ◌ा 811 ज्ञा ◌ा 925 पा ◌ा 926 घ्रा ◌ा 927 ध्मा ◌ा 928 स्था ◌ा 929 म्रा ◌ा 930 दा ◌ा 950 गा ◌ा 1049 या ◌ा 1050 वा ◌ा 1051 भा ◌ा 1052 म्ना ◌ा 1053 श्रा ◌ा 1054 द्रा ◌ा 1055 प्सा ◌ा 1056 पा ◌ा 1057 रा ◌ा 1058 ला ◌ा 1059 दा ◌ा 1060 ख्या ◌ा 1061 प्रा ◌ा 1062 मा ◌ा 1073 दरिद्रा ◌ा 1088 मा ◌ा 1089 हा ◌ा 1090 हा ◌ा 1091 दा ◌ा 1092 धा ◌ा 1106 गा ◌ा 1142 मा ◌ा 1499 ज्या ◌ा 1507 ज्ञा ◌ा 1732 ज्ञा ◌ा

इ

236 क्षि ि◌ 561 जि ि◌ 897 श्रि ि◌ 946 जि ि◌ 947 ज्रि ि◌ 948 स्मि ि◌ 1010 श्वि ि◌ 1045 इ इ 1046 इ इ 1047 इ इ 1101 कि ि◌ 1248 सि ि◌ 1249 शि ि◌ 1250 मि ि◌ 1251 चि ि◌ 1257 हि ि◌ 1275 रि ि◌ 1276 क्षि ि◌ 1277 चिरि ि◌ 1278 जिरि ि◌ 1404 रि ि◌ 1405 पि ि◌ 1406 धि ि◌ 1407 क्षि ि◌ 1477 सि ि◌ 1629 चि ि◌ 1793 जि ि◌ 1794 चि ि◌ 1815 ज्रि ि◌

ई

901 नी ◌ी 968 डी ◌ी 1032 शी ◌ी 1048 वी ◌ी 1076 दीधी ◌ी 1077 वेवी ◌ी 1084 भी ◌ी 1085 ह्री ◌ी 1134 दी ◌ी 1135 डी ◌ी 1136 धी ◌ी 1137 मी ◌ी 1138 री ◌ी 1139 ली ◌ी 1140 त्री ◌ी 1141 पी ◌ी 1144 प्री ◌ी 1143 ई ई 1473 क्री ◌ी 1474 प्री ◌ी 1475 श्री ◌ी 1476 मी ◌ी 1500 री ◌ी 1501 ली ◌ी 1502 व्ली ◌ी 1503 प्ली ◌ी 1504 त्री ◌ी 1505 भ्री ◌ी 1506 क्षी ◌ी 1811 ली ◌ी 1824 मी ◌ी 1836 प्री ◌ी

ॗ

940 स्र ॗ 941 सु ॗ 942 श्रु ॗ 943 ध्रु ॗ 944 दु ॗ 945 द्रु ॗ 949 गु ॗ 951 कु ॗ 952 घु ॗ 953 उ उ 954 डु ॗ 955 च्यु ॗ 956 ज्यु ॗ 957 पु ॗ 958 प्लु ॗ 959 रु ॗ 1033 यु ॗ 1034 रु ॗ 1035 नु ॗ 1036 क्षु ॗ 1037 क्ष्णु ॗ 1038 स्रु ॗ 1039 ऊर्णु ॗ 1040 द्यु ॗ 1041 सु ॗ 1042 कु ॗ 1043 स्तु ॗ 1082 ह्नु ॗ 1083 हु ॗ 1247 सु ॗ 1255 ध्रु ॗ 1256 दु ॗ 1399 गु ॗ 1400 ध्रु ॗ 1401 कु ॗ 1478 स्कु ॗ 1479 यु ॗ 1710 यु ॗ 1746 च्यु ॗ

ॗॗ

1 भू ॗॗ 966 पू ॗॗ 967 मू ॗॗ 1031 सू ॗॗ 1044 ब्रू ॗॗ 1132 सू ॗॗ 1133 दू ॗॗ 1397 नू ॗॗ 1398 ध्रू ॗॗ 1408 सू ॗॗ 1480 क्रू ॗॗ 1481 द्रू ॗॗ 1482 पू ॗॗ 1483 लू ॗॗ 1487 ध्रू ॗॗ 1747 भू ॗॗ 1835 ध्रू ॗॗ 1844 भू ॗॗ

ॢ

807 स्मृ ॢ 898 भृ ॢ 899 हृ ॢ 900 धृ ॢ 931 ह्वृ ॢ 932 स्वृ ॢ 933 स्मृ ॢ 934 ह्वृ ॢ 935 सृ ॢ 937 गृ ॢ 938 घृ ॢ 939 ध्वृ ॢ 960 धृ ॢ 1072 जागृ ॢ 1087 भृ ॢ 1096 घृ ॢ 1097 हृ ॢ 1099 सृ ॢ 1252 स्तृ ॢ 1253 कृ ॢ 1254 वृ ॢ 1258 पृ ॢ 1259 स्पृ ॢ 1280 दृ ॢ 1402 पृ ॢ 1403 मृ ॢ 1411 दृ ॢ 1412 ध्रृ ॢ 1472 कृ ॢ 1509 वृ ॢ 1650 घृ ॢ 1707 गृ ॢ 1813 वृ ॢ

ॣ

808 दृ ॣ 809 नृ ॣ 936 ऋ ऋ 969 तृ ॣ 1086 पृ ॣ 1098 ऋ ऋ 1130 जृ ॣ 1131 झृ ॣ 1409 कृ ॣ 1410 गृ ॣ 1484 स्तृ ॣ 1485 कृ ॣ 1486 वृ ॣ 1488 शृ ॣ 1489 पृ ॣ 1490 वृ ॣ 1491 भृ ॣ 1492 मृ ॣ 1493 दृ ॣ 1494 जृ ॣ 1495 नृ ॣ 1496 कृ ॣ 1497 ऋ ऋ 1498 गृ ॣ 1548 पृ ॣ 1814 जृ ॣ

े

902 धे े 961 मे े 962 दे े 1006 वे े 1007 व्ये े 1008 ह्वे े

ै

903 ग्लै ै 904 म्लै ै 905 द्यै ै 906 द्रै ै 907 ध्रै ै 908 ध्यै ै 909 रै ै 910 स्त्यै ै 911 स्त्यै ै 912 खै ै 913 क्षै ै 914 जै ै 915 सै ै 916 कै ै 917 गै ै 918 शै ै 919 श्रै ै 920 पै ै 921 वै ै 922 स्तै ै 923 स्नै ै 924 दै ै 963 श्यै ै 964 प्यै ै 965 त्रै ै

ो

1145 शो ो 1146 छ्यो ो 1147 सो ो 1148 दो ो

क्

75 शीक् क् 76 लोक् क् 77 श्लोक् क् 78 द्रेक् क् 79 ध्रेक् क् 80 रेक् क् 81 सेक् क्
82 स्नेक् क् 83 स्रङ्क् क् 84 श्रङ्क् क् 85 क्ष्रङ्क् क् 86 शङ्क् क् 87 अङ्क् क् 88
वङ्क् क् 89 मङ्क् क् 90 कक् क् 91 कुक् क् 92 वृक् क् 93 चक् क् 94 कङ्क् क् 95
वङ्क् क् 96 श्वङ्क् क् 97 त्रङ्क् क् 98 ढौक् क् 99 त्रौक् क् 100 ष्वष्क् क् 101
वस्क् क् 102 मस्क् क् 103 टिक् क् 104 टीक् क् 105 तिक् क् 106 तीक् क् 116
फक्क् क् 117 तक् क् 118 तङ्क् क् 119 बुक्क् क् 782 स्तक् क् 783 चक् क् 792
अक् क् 861 हिक्क् क् 1187 शक् क् 1261 शक् क् 1266 तिक् क् 1570 श्वल्क् क्
1571 वल्क् क् 1593 नक्क् क् 1594 धक्क् क् 1595 चक्क् क् 1596 चुक्क् क्
1618 शुल्क् क् 1638 टङ्क् क् 1643 अर्क् क् 1685 विष्क् क् 1686 निष्क् क् 1713
बुक्क् क् 1736 रक् क् 1776 लोक् क् 1780 तर्क् क् 1789 शीक् क् 1826 शीक् क्
1827 चीक् क् 1914 ध्रेक् क् 1916 बष्क् क् 1927 अङ्क् क् 1940 विष्क् क्

ख्

120 कख् ख् 121 ओख् ख् 122 राख् ख् 123 लाख् ख् 124 द्राख् ख् 125 ध्राख् ख्
126 शाख् ख् 127 क्ष्राख् ख् 128 उख् ख् 129 उङ्ख् ख् 130 वख् ख् 131 वङ्ख् ख्
132 मख् ख् 133 मङ्ख् ख् 134 नख् ख् 135 नङ्ख् ख् 136 रख् ख् 137 रङ्ख् ख्
138 लख् ख् 139 लङ्ख् ख् 140 इख् ख् 141 इङ्ख् ख् 142 ईङ्ख् ख् 784 कख् ख्
1365 लिख् ख् 1929 सुख् ख् 1930 दुःख् ख्

ग्

143 वल्ग् ग् 144 रङ्ग् ग् 145 लङ्ग् ग् 146 अङ्ग् ग् 147 वङ्ग् ग् 148 मङ्ग् ग्
149 तङ्ग् ग् 150 त्वङ्ग् ग् 151 श्रङ्ग् ग् 152 क्ष्रङ्ग् ग् 153 इङ्ग् ग् 154 रिङ्ग्
ग् 155 लिङ्ग् ग् 156 युङ्ग् ग् 157 जुङ्ग् ग् 158 बुङ्ग् ग् 785 रग् ग् 786 लग् ग्
787 ह्रग् ग् 788 ह्लग् ग् 789 सग् ग् 790 स्तग् ग् 791 कग् ग् 793 अग् ग् 1267
तिग् ग् 1737 लग् ग् 1739 लिङ्ग् ग् 1846 मार्ग् ग् 1900 मृग् ग् 1928 अङ्ग् ग्

घ्

107 रङ्घ् घ् 108 लङ्घ् घ् 109 अङ्घ् घ् 110 वङ्घ् घ् 111 मङ्घ् घ् 112 राघ् घ् 113 लाघ् घ् 114 द्राघ् घ् 115 श्लाघ् घ् 159 घघ् घ् 160 मङ्घ् घ् 161 शिङ्घ् घ् 1265 स्तिघ् घ् 1268 सघ् घ् 1273 दघ् घ् 1760 लङ्घ् घ् 1795 रङ्घ् घ् 1796 लङ्घ् घ्

च्

162 वर्च् च् 163 सच् च् 164 लोच् च् 165 शच् च् 166 श्वच् च् 167 श्र्वञ्च् च् 168 कच् च् 169 कञ्च् च् 170 काञ्च् च् 171 मच् च् 172 मुञ्च् च् 173 मञ्च् च् 174 पञ्च् च् 175 स्तुच् च् 183 शुच् च् 184 कुच् च् 185 कुञ्च् च् 186 क्रुञ्च् च् 187 लुञ्च् च् 188 अञ्च् च् 189 वञ्च् च् 190 चञ्च् च् 191 तञ्च् च् 192 त्वञ्च् च् 193 म्रुञ्च् च् 194 म्लुञ्च् च् 195 मुच् च् 196 म्लुच् च् 197 ग्रुच् च् 198 ग्लुच् च् 201 ग्लुञ्च् च् 204 अर्च् च् 717 चर्च् च् 745 रुच् च् 857 कुच् च् 862 अञ्च् च् 863 याच् च् 996 पच् च् 997 सच् च् 1030 पृच् च् 1063 वच् च् 1165 शुच् च् 1223 उच् च् 1292 व्रश्च् च् 1293 व्यच् च् 1299 चर्च् च् 1301 त्वच् च् 1302 ऋच् च् 1368 कुच् च् 1430 मुच् च् 1434 सिच् च् 1441 रिच् च् 1442 विच् च् 1459 तञ्च् च् 1462 पृच् च् 1531 खच् च् 1649 मर्च् च् 1651 पञ्च् च् 1703 वञ्च् च् 1712 चर्च् च् 1738 अञ्च् च् 1743 मुच् च् 1777 लोच् च् 1807 पृच् च् 1808 अर्च् च् 1816 रिच् च् 1842 वच् च् 1864 रच् च् 1873 सूच् च्

छ्

205 म्लेच्छ् छ् 206 लच्छ् छ् 207 लाञ्छ् छ् 208 वाञ्छ् छ् 209 आञ्छ् छ् 210 ह्रीच्छ् छ् 211 हुर्छ् छ् 212 मुर्छ् छ् 213 स्फुर्छ् छ् 214 युच्छ् छ् 215 उञ्छ् छ् 216 उच्छ् छ् 1294 उञ्छ् छ् 1295 उच्छ् छ् 1296 ऋच्छ् छ् 1297 मिच्छ् छ् 1413 प्रच्छ् छ् 1423 विच्छ् छ् 1576 पिच्छ् छ् 1662 म्लेच्छ् छ् 1773 विच्छ् छ्

ज्

176 ऋज् ज् 177 ऋञ्ज् ज् 178 भृज् ज् 179 एज् ज् 180 भ्रेज् ज् 181 भ्राज् ज् 182 ईज् ज् 199 कुज् ज् 200 खुज् ज् 202 सस्ज् ज् 203 गुञ्ज् ज् 217 धज् ज् 218 ध्रज् ज् 219 धृज् ज् 220 धृञ्ज् ज् 221 ध्वज् ज् 222 ध्वञ्ज् ज् 223 कूज् ज् 224 अर्ज् ज् 225 सर्ज् ज् 226 गर्ज् ज् 227 तर्ज् ज् 228 कर्ज् ज् 229 खर्ज् ज् 230 अज् ज् 231 तेज् ज् 232 खज् ज् 233 खञ्ज् ज् 234 एज् ज् 235 स्फूर्ज् ज् 237 क्षीज् ज् 238 लज् ज् 239 लञ्ज् ज् 240 लाज् ज् 241 लाञ्ज् ज् 242 जज् ज् 243

जञ्ज् ज् 244 तुज् ज् 245 तुञ्ज ज् 246 गज् ज् 247 गञ्ज् ज् 248 गृज् ज् 249 गृञ्ज् ज् 250 मृज ज् 251 मृञ्ज ज् 252 वज ज् 253 व्रज्ज ज् 716 जर्ज् ज् 769 क्षञ्ज ज् 822 राज् ज् 823 भ्राज् ज् 971 तिज् ज् 976 स्वञ्ज ज् 986 त्यज् ज् 987 सञ्ज ज् 998 भज् ज् 999 रञ्ज ज् 1002 यज ज् 1026 निञ्ज ज् 1027 शिञ्ज् ज् 1028 पिञ्ज ज् 1029 वृज ज् 1066 मृज ज् 1093 निज ज् 1094 विज ज् 1167 रञ्ज ज् 1177 युज् ज् 1178 सृज ज् 1284 भ्रस्ज् ज् 1289 विज ज् 1290 लज ज् 1291 लस्ज् ज् 1298 जर्ज् ज् 1303 उब्ज ज् 1369 गुज ज् 1414 सृज ज् 1415 मस्ज् ज् 1416 रुज ज् 1417 भुज ज् 1444 युज ज् 1453 भञ्ज् ज् 1454 भुज ज् 1458 अञ्ज् ज् 1460 विज ज् 1461 वृज ज् 1549 ऊर्ज् ज् 1566 तुञ्ज ज् 1567 पिञ्ज ज् 1617 व्रज ज् 1621 छञ्ज ज् 1642 पूज ज् 1647 गज ज् 1648 मार्ज् ज् 1652 तिज् ज् 1681 तर्ज् ज् 1725 अर्ज् ज् 1733 भज ज् 1755 तुञ्ज ज् 1756 मिञ्ज् ज् 1757 पिञ्ज ज् 1758 लुञ्ज ज् 1759 भञ्ज ज् 1784 लञ्ज ज् 1785 अञ्ज ज् 1804 रुज ज् 1806 युज ज् 1812 वृज ज् 1848 मृज ज् 1886 भाज् ज् 1887 सभाज् ज् 1920 लज् ज्

झ्

718 झर्झ् झ् 1300 झर्झ् झ् 1304 उज्झ् झ्

ट्

254 अट्ट् ट् 255 वेष्ट् ट् 256 चेष्ट् ट् 257 गोष्ट् ट् 258 लोष्ट् ट् 259 घट्ट् ट् 260 स्फुट् ट् 290 शौट् ट् 291 यौट् ट् 292 म्लेट् ट् 294 कट् ट् 295 अट् ट् 296 पट् ट् 297 रट् ट् 298 लट् ट् 299 शट् ट् 300 वट् ट् 301 किट् ट् 302 खिट् ट् 303 शिट् ट् 304 सिट् ट् 305 जट् ट् 306 झट् ट् 307 भट् ट् 308 तट् ट् 309 खट् ट् 310 नट् ट् 311 पिट् ट् 312 हट् ट् 313 सट् ट् 314 लुट् ट् 315 चिट् ट् 316 विट् ट् 317 बिट् ट् 318 इट् ट् 319 किट् ट् 320 कट् ट् 327 रुण्ट् ट् 328 लुण्ट् ट् 329 स्फुट् ट् 334 रट् ट् 746 घुट् ट् 747 रुट् ट् 748 लुट् ट् 763 घट् ट् 779 वट् ट् 780 भट् ट् 781 नट् ट् 864 रेट् ट् 1222 लुट् ट् 1366 कुट् ट् 1367 पुट् ट् 1373 स्फुट् ट् 1374 मुट् ट् 1375 त्रुट् ट् 1376 तुट् ट् 1377 चुट् ट् 1378 छुट् ट् 1381 लुट् ट् 1385 घुट् ट् 1545 नट् ट् 1558 कुट्ट् ट् 1559 पुट्ट् ट् 1560 चुट्ट् ट् 1561 अट्ट् ट् 1562 सुट्ट् ट् 1573 स्मिट् ट् 1586 वण्ट् ट् 1613 चुट् ट् 1614 मुट् ट् 1630 घट्ट् ट् 1632 खट्ट् ट् 1633 सट्ट् ट् 1634 स्फिट्ट् ट् 1640 कीट् ट् 1659 चुण्ट् ट् 1698 त्रुट् ट् 1701 कूट् ट् 1702 कुट्ट् ट् 1721 चट् ट् 1722 स्फुट् ट् 1723 घट् ट् 1752 पट्ट् ट्

1753 पुट् ट् 1754 लुट् ट् 1766 घट् ट् 1767 घण्ट् ट् 1783 रुट् ट् 1791 नट् ट्
1792 पुण्ट् ट् 1856 पट् ट् 1857 वट् ट् 1874 खेट् ट् 1875 क्षोट् ट् 1890 कूट् ट्
1913 पुट् ट् 1919 वट् ट्

ठ्

261 अण्ठ् ठ् 262 वण्ठ् ठ् 263 मण्ठ् ठ् 264 कण्ठ् ठ् 265 मुण्ठ् ठ् 266 हेठ् ठ् 267
एठ् ठ् 330 पठ् ठ् 331 वठ् ठ् 332 मठ् ठ् 333 कठ् ठ् 335 हठ् ठ् 336 रुठ् ठ् 337
लुठ् ठ् 338 उठ् ठ् 339 पिठ् ठ् 340 शठ् ठ् 341 शुठ् ठ् 342 कुण्ठ् ठ् 343 लुण्ठ् ठ्
344 शुण्ठ् ठ् 345 रुण्ठ् ठ् 346 लुण्ठ् ठ् 749 लुठ् ठ् 1532 हेठ् ठ् 1563 लुण्ठ् ठ्
1564 शठ् ठ् 1565 श्वठ् ठ् 1644 शुठ् ठ् 1645 शुण्ठ् ठ् 1691 शठ् ठ् 1847 कण्ठ् ठ्
1854 शठ् ठ् 1855 श्वठ् ठ्

ड्

65 गण्ड् ड् 268 हिण्ड् ड् 269 हुण्ड् ड् 270 कुण्ड् ड् 271 वण्ड् ड् 272 मण्ड् ड्
273 भण्ड् ड् 274 पिण्ड् ड् 275 मुण्ड् ड् 276 तुण्ड् ड् 277 हुण्ड् ड् 278 चण्ड् ड्
279 शण्ड् ड् 280 तण्ड् ड् 281 पण्ड् ड् 282 कण्ड् ड् 283 खण्ड् ड् 284 हेड् ड् 285
होड् ड् 286 बाड् ड् 287 द्राड् ड् 288 ध्राड् ड् 289 शाड् ड् 293 म्रेड् ड् 321 मण्ड्
ड् 322 कुण्ड् ड् 323 मुड् ड् 324 पुड् ड् 325 चुण्ड् ड् 326 मुण्ड् ड् 347 चुड्ड् ड्
348 अड्ड् ड् 349 कड्ड् ड् 350 क्रीड् ड् 351 तुड् ड् 352 हुड् ड् 353 हूड् ड् 354
होड् ड् 355 रौड् ड् 356 रोड् ड् 357 लोड् ड् 358 अड् ड् 359 लड् ड् 360 कड् ड्
361 गण्ड् ड् 777 गड् ड् 778 हेड् ड् 814 लड् ड् 1019 ईड् ड् 1126 त्रीड् ड् 1326
जुड् ड् 1327 मृड् ड् 1328 पृड् ड् 1370 गुड् ड् 1379 जुड् ड् 1380 कड् ड् 1382
कृड् ड् 1383 कुड् ड् 1384 पुड् ड् 1386 तुड् ड् 1387 थुड् ड् 1388 स्थुड् ड् 1391
स्फुड् ड् 1392 चुड् ड् 1393 वुड् ड् 1394 कूड् ड् 1395 भृड् ड् 1516 मृड् ड् 1537
स्फुण्ड् ड् 1540 लड् ड् 1542 ओलण्ड् ड् 1544 पीड् ड् 1579 तड् ड् 1580 खड् ड्
1581 खण्ड् ड् 1582 कण्ड् ड् 1583 कुण्ड् ड् 1584 गुण्ड् ड् 1585 खुण्ड् ड् 1587
मण्ड् ड् 1588 भण्ड् ड् 1615 पण्ड् ड् 1646 जुड् ड् 1667 ईड् ड् 1669 पिण्ड् ड्
1800 लण्ड् ड् 1801 तड् ड् 1926 दण्ड् ड्

ण्

434 घिण्ण् ण् 435 घुण्ण् ण् 436 घृण्ण् ण् 437 घुण् ण् 438 घूर्ण् ण् 439 पण् ण्
444 अण् ण् 445 रण् ण् 446 वण् ण् 447 भण् ण् 448 मण् ण् 449 कण् ण् 450

106

क्रण् ण् 451 त्रण् ण् 452 भ्रण् ण् 453 ध्वण् ण् 454 ओण् ण् 455 शोण् ण् 456 श्रोण् ण् 457 क्ष्रोण् ण् 458 पैण् ण् 459 ध्रण् ण् 794 कण् ण् 795 रण् ण् 796 चण् ण् 797 शण् ण् 798 श्रण् ण् 821 फण् ण् 877 वेण् ण् 1175 अण् ण् 1329 पृण् ण् 1330 वृण् ण् 1331 मृण् ण् 1332 तुण् ण् 1333 पुण् ण् 1334 मुण् ण् 1335 कुण् ण् 1337 दृण् ण् 1338 घुण् ण् 1339 घूर्ण् ण् 1465 क्षण् ण् 1466 क्षिण् ण् 1467 ऋण् ण् 1468 तृण् ण् 1469 घृण् ण् 1551 वर्ण् ण् 1552 चूर्ण् ण् 1578 श्रण् ण् 1641 चूर्ण् ण् 1688 कूण् ण् 1689 तूण् ण् 1690 भ्रूण् ण् 1715 कण् ण् 1853 गण् ण् 1893 कुण् ण् 1894 गुण् ण् 1896 कूण् ण् 1937 त्रण् ण् 1938 वर्ण् ण् 1939 पर्ण् ण्

त्

30 यत् त् 31 युत् त् 32 जुत् त् 38 अत् त् 39 चित् त् 40 च्युत् त् 41 श्च्युत् त् 61 अन्त् त् 741 द्युत् त् 742 श्वित् त् 758 वृत् त् 845 पत् त् 865 चत् त् 993 कित् त् 1079 संस्त् त् 1116 नृत् त् 1160 वृत् त् 1324 चृत् त् 1435 कृत् त् 1447 कृत् त् 1535 चिन्त् त् 1590 पुस्त् त् 1591 बुस्त् त् 1622 श्वर्त् त् 1631 मुस्त् त् 1653 कृत् त् 1673 चित् त् 1683 बस्त् त् 1735 यत् त् 1781 वृत् त् 1861 पत् त् 1882 वात् त् 1891 सङ्केत् त् 1895 केत् त्

थ्

6 नाथ् थ् 33 विथ् थ् 34 वेथ् थ् 35 श्रन्थ् थ् 36 ग्रन्थ् थ् 37 कत्थ् थ् 42 मन्थ् थ् 43 कुन्थ् थ् 44 पुन्थ् थ् 45 लुन्थ् थ् 46 मन्थ् थ् 764 व्यथ् थ् 765 प्रथ् थ् 799 श्रथ् थ् 800 क्रथ् थ् 801 क्रथ् थ् 802 क्लथ् थ् 846 क्रथ् थ् 847 पथ् थ् 848 मथ् थ् 867 प्रोथ् थ् 1118 कुथ् थ् 1119 पुथ् थ् 1510 श्रन्थ् थ् 1511 मन्थ् थ् 1512 श्रन्थ् थ् 1513 ग्रन्थ् थ् 1514 कुन्थ् थ् 1546 श्रथ् थ् 1553 प्रथ् थ् 1554 पृथ् थ् 1575 पन्थ् थ् 1775 पुथ् थ् 1823 श्रथ् थ् 1825 ग्रन्थ् थ् 1837 श्रन्थ् थ् 1838 ग्रन्थ् थ् 1851 कथ् थ् 1870 श्रथ् थ् 1905 अर्थ् थ् 1943 तुत्थ् थ्

द्

9 स्कुन्द् द् 10 श्विन्द् द् 11 वन्द् द् 12 भन्द् द् 13 मन्द् द् 14 स्पन्द् द् 15 क्लिन्द् द् 16 मुद् द् 17 दद् द् 18 स्वद् द् 19 स्वर्द् द् 20 उर्द् द् 21 कुर्द् द् 22 खुर्द् द् 23 गुर्द् द् 24 गुद् द् 25 सूद् द् 26 ह्राद् द् 27 ह्लाद् द् 28 स्वाद् द् 29 पर्द् द् 49 खाद् द् 50 खद् द् 51 बद् द् 52 गद् द् 53 रद् द् 54 नद् द् 55 अर्द् द् 56 नर्द् द् 57 गर्द् द्

58 तर्द् द् 59 कर्द् द् 60 खर्द् द् 62 अन्द् द् 63 इन्द् द् 64 बिन्द् द् 66 निन्द् द् 67 नन्द् द् 68 चन्द् द् 69 त्रन्द् द् 70 कन्द् द् 71 क्रन्द् द् 72 क्लन्द् द् 73 क्लिन्द् द् 743 मिद् द् 744 स्विद् द् 761 स्यन्द् द् 767 म्रद् द् 768 स्खद् द् 772 कन्द् द् 773 क्रन्द् द् 774 क्लन्द् द् 813 छद् द् 815 मद् द् 820 स्खद् द् 854 सद् द् 855 शद् द् 866 चद् द् 868 मिद् द् 869 मेद् द् 871 निद् द् 872 नेद् द् 876 बुन्द् द् 977 हद् द् 978 स्विद् द् 979 स्कन्द् द् 1009 वद् द् 1011 अद् द् 1064 विद् द् 1067 रुद् द् 1169 पद् द् 1170 खिद् द् 1171 विद् द् 1188 स्विद् द् 1208 मद् द् 1242 क्लिद् द् 1243 मिद् द् 1244 क्ष्विद् द् 1281 तुद् द् 1282 नुद् द् 1426 नुद् द् 1427 सद् द् 1428 शद् द् 1432 विद् द् 1436 खिद् द् 1439 भिद् द् 1440 छिद् द् 1443 क्षुद् द् 1445 छृद् द् 1446 तृद् द् 1449 खिद् द् 1450 विद् द् 1457 उन्द् द् 1515 मृद् द् 1541 मिन्द् द् 1577 छन्द् द् 1589 छर्द् द् 1592 चुद् द् 1665 गुर्द् द् 1705 मद् द् 1708 विद् द् 1714 शब्द् द् 1717 सूद् द् 1727 क्रन्द् द् 1740 मुद् द् 1778 नद् द् 1805 स्वद् द् 1820 छृद् द् 1828 अर्द् द् 1831 सद् द् 1833 छद् द् 1841 वद् द् 1860 गद् द् 1898 पद् द् 1934 छेद् द् 1935 छद् द्

ध्

2 एध् ध् 3 स्पर्ध् ध् 4 गाध् ध् 5 बाध् ध् 7 नाध् ध् 8 दध् ध् 47 सिध् ध् 48 सिध् ध् 74 शुन्ध् ध् 759 वृध् ध् 760 शृध् ध् 858 बुध् ध् 870 मेध् ध् 873 शृध् ध् 874 मृध् ध् 875 बुध् ध् 973 बध् ध् 1120 गुध् ध् 1172 बुध् ध् 1173 युध् ध् 1174 रुध् ध् 1180 राध् ध् 1181 व्यध् ध् 1189 क्रुध् ध् 1190 क्षुध् ध् 1191 शुध् ध् 1192 सिध् ध् 1193 रध् ध् 1245 ऋध् ध् 1246 गृध् ध् 1262 राध् ध् 1263 साध् ध् 1271 ऋध् ध् 1325 विध् ध् 1438 रुध् ध् 1448 इन्ध् ध् 1508 बन्ध् ध् 1517 गुध् ध् 1547 बध् ध् 1654 वर्ध् ध् 1684 गन्ध् ध् 1734 शृध् ध् 1782 वृध् ध् 1832 शुन्ध् ध् 1925 अन्ध् ध्

न्

440 पन् न् 460 कन् न् 461 स्तन् न् 462 वन् न् 463 वन् न् 464 सन् न् 803 वन् न् 816 ध्वन् न् 817 स्वन् न् 827 स्वन् न् 828 ध्वन् न् 878 खन् न् 972 मान् न् 994 दान् न् 995 शान् न् 1012 हन् न् 1070 अन् न् 1104 धन् न् 1105 जन् न् 1149 जन् न् 1176 मन् न् 1336 शुन् न् 1463 तन् न् 1464 सन् न् 1470 वन् न् 1471 मन् न् 1709 मान् न् 1840 तन् न् 1843 मान् न् 1859 स्तन् न् 1888 ऊन् न् 1889 ध्वन् न् 1897 स्तेन् न्

प्

362 तिप् प् 363 तेप् प् 364 स्तिप् प् 365 स्तेप् प् 366 ग्लेप् प् 367 वेप् प् 368 केप् प् 369 गेप् प् 370 ग्लेप् प् 371 मेप् प् 372 रेप् प् 373 लेप् प् 374 त्रप् प् 375 कम्प् प् 395 गुप् प् 396 धूप् प् 397 जप् प् 398 जल्प् प् 399 चप् प् 400 सप् प् 401 रप् प् 402 लप् प् 403 चुप् प् 404 तुप् प् 405 तुम्प् प् 406 त्रुप् प् 407 त्रुम्प् प् 412 पर्प् प् 762 कृप् प् 771 क्रप् प् 970 गुप् प् 983 सृप् प् 985 तप् प् 1000 शप् प् 1003 वप् प् 1068 स्वप् प् 1121 क्षिप् प् 1122 पुष्प् प् 1150 दीप् प् 1159 तप् प् 1168 शप् प् 1195 तृप् प् 1196 दृप् प् 1232 डिप् प् 1233 कृप् प् 1234 गुप् प् 1235 युप् प् 1236 रुप् प् 1237 लुप् प् 1260 आप् प् 1285 क्षिप् प् 1307 तृप् प् 1309 तुप् प् 1310 तुम्प् प् 1313 दृप् प् 1371 डिप् प् 1418 छुप् प् 1431 लुप् प् 1433 लिप् प् 1612 शूर्प् प् 1619 चम्प् प् 1620 क्षम्प् प् 1624 ज्ञप् प् 1658 ह्लप् प् 1671 डिप् प् 1672 स्तुप् प् 1676 डप् प् 1677 डिप् प् 1748 कृप् प् 1771 गुप् प् 1772 धूप् प् 1779 कृप् प् 1818 तप् प् 1819 तृप् प् 1839 आप् प् 1869 कृप् प् 1933 रूप् प् 1941 क्षिप् प्

फ्

408 तुफ् फ् 409 तुम्फ् फ् 410 त्रुफ् फ् 411 त्रुम्फ् फ् 413 रफ् फ् 414 रम्फ् फ् 1306 रिफ् फ् 1308 तृम्फ् फ् 1311 तुफ् फ् 1312 तुम्फ् फ् 1314 दृम्फ् फ् 1315 ऋफ् फ् 1316 ऋम्फ् फ् 1317 गुफ् फ् 1318 गुम्फ् फ्

ब्

376 रम्ब् ब् 377 लम्ब् ब् 378 अम्ब् ब् 379 लम्ब् ब् 380 कब् ब् 381 क्लीब् ब् 382 क्षीब् ब् 415 अर्ब् ब् 416 पर्ब् ब् 417 लर्ब् ब् 418 बर्ब् ब् 419 मर्ब् ब् 420 कर्ब् ब् 421 खर्ब् ब् 422 गर्ब् ब् 423 शर्ब् ब् 424 सर्ब् ब् 425 चर्ब् ब् 426 कुम्ब् ब् 427 लुम्ब् ब् 428 तुम्ब् ब् 429 चुम्ब् ब् 1555 सम्ब् ब् 1556 शम्ब् ब् 1611 शुल्ब् ब् 1635 चुम्ब् ब् 1655 कुम्ब् ब् 1656 लुम्ब् ब् 1657 तुम्ब् ब्

भ्

383 शीभ् भ् 384 चीभ् भ् 385 रेभ् भ् 386 स्तम्भ् भ् 387 स्कम्भ् भ् 388 जभ् भ् 389 जृम्भ् भ् 390 शल्भ् भ् 391 वल्भ् भ् 392 गल्भ् भ् 393 श्रम्भ् भ् 394 स्तुभ् भ् 430 सृभ् भ् 431 सृम्भ् भ् 432 शुभ् भ् 433 शुम्भ् भ् 750 शुभ् भ् 751 क्षुभ् भ्

752 नभ् भ् 753 तुभ् भ् 757 स्तम्भ् भ् 974 रभ् भ् 975 लभ् भ् 980 यभ् भ् 1238 लुभ् भ् 1239 क्षुभ् भ् 1240 नभ् भ् 1241 तुभ् भ् 1270 दम्भ् भ् 1305 लुभ् भ् 1319 उभ् भ् 1320 उम्भ् भ् 1321 शुभ् भ् 1322 शुम्भ् भ् 1323 दृभ् भ् 1519 क्षुभ् भ् 1520 नभ् भ् 1521 तुभ् भ् 1716 जम्भ् भ् 1821 दृभ् भ् 1822 द्रुभ् भ् 1936 लाभ् भ्

म्

441 भाम् म् 442 क्षम् म् 443 कम् म् 465 अम् म् 466 द्रम् म् 467 हम्म् म् 468 मीम् म् 469 चम् म् 470 छम् म् 471 जम् म् 472 झम् म् 473 क्रम् म् 818 शम् म् 819 यम् म् 826 स्यम् म् 829 सम् म् 830 स्तम् म् 849 वम् म् 850 भ्रम् म् 853 रम् म् 981 नम् म् 982 गम् म् 984 यम् म् 1123 तिम् म् 1124 स्तिम् म् 1125 स्तीम् म् 1201 शम् म् 1202 तम् म् 1203 दम् म् 1204 श्रम् म् 1205 भ्रम् म् 1206 क्षम् म् 1207 क्लम् म् 1274 चम् म् 1625 यम् म् 1693 स्यम् म् 1695 शम् म् 1711 कुस्म् म् 1720 अम् म् 1872 भाम् म् 1876 गोम् म् 1879 साम् म् 1892 ग्राम् म् 1922 सङ्ग्राम् म् 1923 स्तोम् म्

य्

474 अय् य् 475 वय् य् 476 पय् य् 477 मय् य् 478 चय् य् 479 तय् य् 480 नय् य् 481 दय् य् 482 रय् य् 483 ऊय् य् 484 पूय् य् 485 क्रूय् य् 486 क्ष्माय् य् 487 स्फाय् य् 488 प्याय् य् 489 ताय् य् 508 मव्य् य् 509 सूर्य् य् 510 ईर्ष्य् य् 511 ईर्ष्य् य् 512 हय् य् 513 शुच्य् य् 514 हर्य् य् 880 चाय् य् 881 व्यय् य् 1932 व्यय् य्

र्

552 खोर् र् 553 धोर् र् 554 त्सर् र् 555 क्मर् र् 556 अभ्र् र् 557 वभ्र् र् 558 मभ्र् र् 559 चर् र् 775 त्वर् र् 776 ज्वर् र् 851 क्षर् र् 1018 ईर् र् 1102 तुर् र् 1151 पूर् र् 1152 तूर् र् 1153 धूर् र् 1154 गूर् र् 1155 घूर् र् 1156 जूर् र् 1157 शूर् र् 1158 चूर् र् 1340 सुर् र् 1341 कुर् र् 1342 खुर् र् 1343 मुर् र् 1344 क्षुर् र् 1345 घुर् र् 1346 पुर् र् 1372 छुर् र् 1389 स्फुर् र् 1396 गुर् र् 1534 चुर् र् 1536 यन्त्र् र् 1539 कुन्द्र् र् 1623 श्वभ्र् र् 1678 तन्त्र् र् 1679 मन्त्र् र् 1694 गूर् र् 1745 चर् र् 1803 पूर् र् 1810 ईर् र् 1852 वर् र् 1863 स्वर् र् 1868 सार् र् 1877 कुमार् र् 1902 शूर् र् 1903 वीर् र् 1906 सत्र् र् 1908 सूत्र् र्

1909 मूत्र् र् 1911 पार् र् 1912 तीर् र् 1915 कत्र् र् 1917 चित्र् र् 1921 मिश्र् र् 1924 छिद्र् र्

ल्

490 शल् ल् 491 वल् ल् 492 वल्ल् ल् 493 मल् ल् 494 मल्ल् ल् 495 भल् ल् 496 भल्ल् ल् 497 कल् ल् 498 कल्ल् ल् 515 अल् ल् 516 फल् ल् 517 मील् ल् 518 श्मील् ल् 519 स्मील् ल् 520 क्ष्मील् ल् 521 पील् ल् 522 नील् ल् 523 शील् ल् 524 कील् ल् 525 कूल् ल् 526 शूल् ल् 527 तूल् ल् 528 पूल् ल् 529 मूल् ल् 530 फल् ल् 531 चुल्ल् ल् 532 फुल्ल् ल् 533 चिल्ल् ल् 534 तिल् ल् 535 वेल् ल् 536 चेल् ल् 537 केल् ल् 538 खेल् ल् 539 क्ष्वेल् ल् 540 वेल्ल् ल् 541 पेल् ल् 542 फेल् ल् 543 शेल् ल् 544 स्खल् ल् 545 खल् ल् 546 गल् ल् 547 सल् ल् 548 दल् ल् 549 श्वल् ल् 550 श्वल्ल् ल् 551 खोल् ल् 804 ज्वल् ल् 805 ह्वल् ल् 806 ह्मल् ल् 812 चल् ल् 831 ज्वल् ल् 832 चल् ल् 833 जल् ल् 834 टल् ल् 835 ट्वल् ल् 836 स्थल् ल् 837 हल् ल् 838 नल् ल् 839 पल् ल् 840 बल् ल् 841 पुल् ल् 842 कुल् ल् 843 शल् ल् 844 हुल् ल् 1353 किल् ल् 1354 तिल् ल् 1355 चिल् ल् 1356 चल् ल् 1357 इल् ल् 1358 विल् ल् 1359 बिल् ल् 1360 निल् ल् 1361 हिल् ल् 1362 शिल् ल् 1363 सिल् ल् 1364 मिल् ल् 1390 स्फुल् ल् 1429 मिल् ल् 1543 जल् ल् 1597 क्षल् ल् 1598 तल् ल् 1599 तुल् ल् 1600 दुल् ल् 1601 पुल् ल् 1602 चुल् ल् 1603 मूल् ल् 1604 कल् ल् 1605 विल् ल् 1606 बिल् ल् 1607 तिल् ल् 1608 चल् ल् 1609 पाल् ल् 1628 बल् ल् 1636 पूल् ल् 1660 इल् ल् 1687 लल् ल् 1699 गल् ल् 1700 भल् ल् 1751 दल् ल् 1802 नल् ल् 1865 कल् ल् 1878 शील् ल् 1880 वेल् ल् 1881 पल्पूल् ल् 1904 स्थूल् ल्

व्

499 तेव् व् 500 देव् व् 501 सेव् व् 502 गेव् व् 503 ग्लेव् व् 504 पेव् व् 505 मेव् व् 506 म्लेव् व् 507 रेव् व् 560 ष्टिव् व् 562 जीव् व् 563 पीव् व् 564 मीव् व् 565 तीव् व् 566 नीव् व् 567 क्षीव् व् 568 क्षेव् व् 569 उर्व् व् 570 तुर्व् व् 571 थुर्व् व् 572 दुर्व् व् 573 धुर्व् व् 574 गुर्व् व् 575 मुर्व् व् 576 पुर्व् व् 577 पर्व् व् 578 मर्व् व् 579 चर्व् व् 580 भर्व् व् 581 कर्व् व् 582 खर्व् व् 583 गर्व् व् 584 अर्व् व् 585 श्रर्व् व् 586 सर्व् व् 587 इन्व् व् 588 पिन्व् व् 589 मिन्व् व् 590 निन्व् व् 591 हिन्व् व् 592 दिन्व् व् 593 धिन्व् व् 594 जिन्व् व् 595 रिन्व् व् 596 रन्व् व् 597 धन्व् व् 598 कृन्व् व् 599 मव् व् 600 अव् व् 601 धाव् व् 725 शव् व् 879

चीव् व् 1107 दिव् व् 1108 सिव् व् 1109 स्निव् व् 1110 छिव् व् 1569 सान्त्व् व् 1706 दिव् व् 1724 दिव् व् 1774 चीव् व् 1907 गर्व् व्

श्

607 क्लेश् श् 647 काश् श् 722 निश् श् 723 मिश् श् 724 मश् श् 726 शश् श् 824 भ्राश् श् 825 भ्लाश् श् 856 क्रुश् श् 882 दाश् श् 887 स्पश् श् 988 दृश् श् 989 दंश् श् 1020 ईश् श् 1080 वश् श् 1161 क्लिश् श् 1162 काश् श् 1163 वाश् श् 1179 लिश् श् 1194 नश् श् 1224 भृश् श् 1225 भ्रंश् श् 1226 वृश् श् 1227 कृश् श् 1264 अश् श् 1279 दाश् श् 1283 दिश् श् 1419 रुश् श् 1420 रिश् श् 1421 लिश् श् 1422 स्पृश् श् 1424 विश् श् 1425 मृश् श् 1437 पिश् श् 1522 क्लिश् श् 1523 अश् श् 1674 दंश् श् 1680 स्पश् श् 1719 पश् श् 1764 दंश् श् 1765 कुंश् श् 1787 भृंश् श् 1788 रुंश् श्

ष्

602 धुक्ष् ष् 603 धिक्ष् ष् 604 वृक्ष् ष् 605 शिक्ष् ष् 606 भिक्ष् ष् 608 दक्ष् ष् 609 दीक्ष् ष् 610 ईक्ष् ष् 611 ईष् ष् 612 भाष् ष् 613 वर्ष् ष् 614 गेष् ष् 615 पेष् ष् 616 जेष् ष् 617 नेष् ष् 618 एष् ष् 619 प्रेष् ष् 620 रेष् ष् 621 हेष् ष् 622 ह्लेष् ष् 652 घुष् ष् 653 घुष् ष् 654 अक्ष् ष् 655 तक्ष् ष् 656 त्वक्ष् ष् 657 उक्ष् ष् 658 रक्ष् ष् 659 निक्ष् ष् 660 ऋक्ष् ष् 661 स्रक्ष् ष् 662 नक्ष् ष् 663 वक्ष् ष् 664 मृक्ष् ष् 665 तक्ष् ष् 666 सूर्क्ष् ष् 667 काङ्क्ष् ष् 668 वाङ्क्ष् ष् 669 माङ्क्ष् ष् 670 द्राङ्क्ष् ष् 671 ध्राङ्क्ष् ष् 672 ध्वाङ्क्ष् ष् 673 चूष् ष् 674 तूष् ष् 675 पूष् ष् 676 मूष् ष् 677 लूष् ष् 678 रूष् ष् 679 शूष् ष् 680 यूष् ष् 681 जूष् ष् 682 भूष् ष् 683 ऊष् ष् 684 ईष् ष् 685 कष् ष् 686 खष् ष् 687 शिष् ष् 688 जष् ष् 689 झष् ष् 690 शष् ष् 691 वष् ष् 692 मष् ष् 693 रुष् ष् 694 रिष् ष् 695 भष् ष् 696 उष् ष् 697 जिष् ष् 698 विष् ष् 699 मिष् ष् 700 पुष् ष् 701 श्रिष् ष् 702 क्षिष् ष् 703 घुष् ष् 704 प्लुष् ष् 705 पृष् ष् 706 वृष् ष् 707 मृष् ष् 708 घृष् ष् 709 हृष् ष् 770 दक्ष् ष् 883 भेष् ष् 884 भ्रेष् ष् 885 भ्लेष् ष् 888 लष् ष् 889 चष् ष् 890 छष् ष् 891 झष् ष् 892 भ्रक्ष् ष् 893 भ्लक्ष् ष् 990 कृष् ष् 1001 त्विष् ष् 1013 द्विष् ष् 1017 चक्ष् ष् 1071 जक्ष् ष् 1095 विष् ष् 1103 धिष् ष् 1114 व्युष् ष् 1115 प्लुष् ष् 1127 इष् ष् 1164 मृष् ष् 1182 पुष् ष् 1183 शुष् ष् 1184 तुष् ष् 1185 दुष् ष् 1186 क्षिष् ष् 1215 व्युष् ष् 1216 प्लुष् ष् 1228 तृष् ष् 1229 हृष् ष् 1230 रुष् ष् 1231 रिष् ष् 1269 धृष् ष् 1286 कृष् ष् 1287 ऋष् ष् 1288 जुष्

ष् 1351 इष् ष् 1352 मिष् ष् 1451 शिष् ष् 1452 पिष् ष् 1518 कृष् ष् 1525
इष् ष् 1526 विष् ष् 1527 पुष् ष् 1528 प्लुष् ष् 1529 पुष् ष् 1530 मुष् ष् 1538
लक्ष् ष् 1550 पक्ष् ष् 1557 भक्ष् ष् 1574 क्षिष् ष् 1610 लूष् ष् 1661 म्रक्ष् ष्
1670 रुष् ष् 1692 यक्ष् ष् 1696 लक्ष् ष् 1704 वृष् ष् 1726 घुष् ष् 1730 भूष् ष्
1750 पुष् ष् 1817 शिष् ष् 1834 जुष् ष् 1849 मृष् ष् 1850 धृष् ष् 1862 पष् ष्
1883 गवेष् ष् 1910 रूक्ष् ष्

स्

623 कास् स् 624 भास् स् 625 नास् स् 626 रास् स् 627 नस् स् 628 भ्यस् स्
629 शंस् स् 630 ग्रस् स् 631 ग्लस् स् 710 तुस् स् 711 ह्रस् स् 712 ह्लस् स् 713
रस् स् 714 लस् स् 715 घस् स् 719 पिस् स् 720 पेस् स् 721 हस् स् 727 शस् स्
728 शंस् स् 754 स्रंस् स् 755 ध्वंस् स् 756 भ्रंस् स् 766 प्रस् स् 860 कस् स् 886
अस् स् 894 दास् स् 1005 वस् स् 1021 आस् स् 1022 शास् स् 1023 वस् स्
1024 कंस् स् 1025 निस् स् 1065 अस् स् 1069 श्वस् स् 1074 चकास् स् 1075
शास् स् 1078 सस् स् 1100 भस् स् 1111 स्नुस् स् 1112 स्नस् स् 1113 क्रस् स्
1117 त्रस् स् 1209 अस् स् 1210 यस् स् 1211 जस् स् 1212 तस् स् 1213 दस् स्
1214 वस् स् 1217 बिस् स् 1218 कुस् स् 1219 बुस् स् 1220 मुस् स् 1221 मस् स्
1456 हिंस् स् 1524 ध्रस् स् 1568 पिस् स् 1616 पंस् स् 1637 पुंस् स् 1639 ध्रस्
स् 1663 ब्रूस् स् 1666 जंस् स् 1668 जस् स् 1675 दंस् स् 1682 भर्स् स् 1697
कुत्स् स् 1718 जस् स् 1728 लस् स् 1729 तंस् स् 1741 त्रस् स् 1742 उध्रस् स्
1744 वस् स् 1749 ग्रस् स् 1761 त्रंस् स् 1762 पिंस् स् 1763 कुंस् स् 1786 दंस् स्
1790 रुंस् स् 1829 हिंस् स् 1884 वास् स् 1885 निवास् स् 1918 अंस् स् 1931
रस् स् 1942 वस् स्

ह्

632 ईह् ह् 633 बंह् ह् 634 मंह् ह् 635 अंह् ह् 636 गर्ह् ह् 637 गल्ह् ह् 638 बर्ह् ह्
639 बल्ह् ह् 640 वर्ह् ह् 641 वल्ह् ह् 642 प्लिह् ह् 643 वेह् ह् 644 जेह् ह् 645
वाह् ह् 646 द्राह् ह् 648 ऊह् ह् 649 गाह् ह् 650 गृह् ह् 651 ग्लह् ह् 729 चह् ह्
730 मह् ह् 731 रह् ह् 732 रंह् ह् 733 दृह् ह् 734 दृंह् ह् 735 बृह् ह् 736 बृंह् ह्
737 तुह् ह् 738 दुह् ह् 739 उह् ह् 740 अर्ह् ह् 852 सह् ह् 859 रुह् ह् 895 माह् ह्
896 गुह् ह् 991 दह् ह् 992 मिह् ह् 1004 वह् ह् 1014 दुह् ह् 1015 दिह् ह् 1016
लिह् ह् 1128 सह् ह् 1129 सुह् ह् 1166 नह् ह् 1197 द्रुह् ह् 1198 मुह् ह् 1199

स्तुह् ह् 1200 स्त्रिह् ह् 1272 अह् ह् 1347 वृह् ह् 1348 तृह् ह् 1349 स्तृह् ह् 1350 तृंह् ह् 1455 तृह् ह् 1533 ग्रह् ह् 1572 स्त्रिह् ह् 1626 चह् ह् 1627 रह् ह् 1664 बर्ह् ह् 1731 अर्ह् ह् 1768 बृंह् ह् 1769 बर्ह् ह् 1770 बल्ह् ह् 1797 अंह् ह् 1798 रंह् ह् 1799 मंह् ह् 1809 सह् ह् 1830 अर्ह् ह् 1845 गर्ह् ह् 1858 रह् ह् 1866 चह् ह् 1867 मह् ह् 1871 स्पृह् ह् 1899 गृह् ह् 1901 कुह् ह्

Roots Indexed on Penultimate Letter

Roots are indexed on penultimate letter, wrt Dhatu Serial No.
1081 चर्करीतं च

-

1045 इ - 1046 इ - 1047 इ –   1143 ई –   953 उ –

936 ॠ - 1098 ॠ –   1497 ॠ –

ं

629 शंस् ं 633 बंह् ं 634 मंह् ं 635 अंह् ं 652 घुंष् ं 728 शंस् ं 732 रंह् ं
734 दृंह् ं 736 बृंह् ं 754 स्रंस् ं 755 ध्वंस् ं 756 भ्रंस् ं 989 दंश् ं 1024 कंस्
ं 1025 निंस् ं 1225 भ्रंश् ं 1350 तृंह् ं 1456 हिंस् ं 1616 पंस् ं 1637 पुंस् ं
1666 जंस् ं 1674 दंश् ं 1675 दंस् ं 1729 तंस् ं 1761 त्रंस् ं 1762 पिंस् ं
1763 कुंस् ं 1764 दंश् ं 1765 कुंश् ं 1768 बृंह् ं 1786 दंस् ं 1787 भृंश् ं
1788 रुंश् ं 1790 रुंस् ं 1797 अंह् ं 1798 रंह् ं 1799 मंह् ं 1829 हिंस् ं
1918 अंस् ं

ः

1930 दुःख् ः

अ

8 दध् अ 17 दद् अ 18 स्वद् अ 30 यत् अ 38 अत् अ 50 खद् अ 51 बद् अ 52 गद् अ
53 रद् अ 54 नद् अ 90 कक् अ 93 चक् अ 117 तक् अ 120 कख् अ 130 वख् अ 132
मख् अ 134 नख् अ 136 रख् अ 138 लख् अ 159 घघ् अ 163 सच् अ 165 शच् अ
166 श्वच् अ 168 कच् अ 171 मच् अ 217 ध्रज् अ 221 ध्वज् अ 230 अज् अ 232
खज् अ 238 लज् अ 242 जज् अ 246 गज् अ 252 वज् अ 253 व्रज् अ 294 कट् अ
295 अट् अ 296 पट् अ 297 रट् अ 298 लट् अ 299 शट् अ 300 वट् अ 305 जट् अ
306 झट् अ 307 भट् अ 308 तट् अ 309 खट् अ 310 नट् अ 312 हट् अ 313 सट् अ
320 कट् अ 330 पठ् अ 331 वठ् अ 332 मठ् अ 333 कठ् अ 334 रठ् अ 335 हठ् अ
340 शठ् अ 358 अड् अ 359 लड् अ 360 कड् अ 374 त्रप् अ 380 कब् अ 397 जप् अ
399 चप् अ 400 सप् अ 401 रप् अ 402 लप् अ 413 रफ् अ 439 पण् अ 440 पन् अ
442 क्षम् अ 443 कम् अ 444 अण् अ 445 रण् अ 446 वण् अ 447 भण् अ 448 मण्
अ 449 कण् अ 450 क्रण् अ 451 व्रण् अ 452 भ्रण् अ 453 ध्वण् अ 459 ध्रण् अ 460
कन् अ 461 स्तन् अ 462 वन् अ 463 वन् अ 464 सण् अ 465 अम् अ 466 द्रम् अ

469 चम् अ 470 छम् अ 471 जम् अ 472 झम् अ 473 क्रम् अ 474 अय् अ 475 वय्
अ 476 पय् अ 477 मय् अ 478 चय् अ 479 तय् अ 480 नय् अ 481 दय् अ 482 रय्
अ 490 शल् अ 491 वल् अ 493 मल् अ 495 भल् अ 497 कल् अ 512 हय् अ 515
अल् अ 516 फल् अ 530 फल् अ 544 स्खल् अ 545 खल् अ 546 गल् अ 547 सल् अ
548 दल् अ 549 श्वल् अ 554 त्सर् अ 555 क्मर् अ 559 चर् अ 599 मव् अ 600 अव्
अ 627 नस् अ 628 भ्यस् अ 630 ग्रस् अ 631 ग्लस् अ 651 ग्लह् अ 685 कष् अ 686
खष् अ 688 जष् अ 689 झष् अ 690 शष् अ 691 वष् अ 692 मष् अ 695 भष् अ
711 ह्रस् अ 712 ह्लस् अ 713 रस् अ 714 लस् अ 715 घस् अ 721 हस् अ 724 मश्
अ 725 शव् अ 726 शश् अ 727 शस् अ 729 चह् अ 730 मह् अ 731 रह् अ 752 नभ्
अ 763 घट् अ 764 व्यथ् अ 765 प्रथ् अ 766 प्रस् अ 767 म्रद् अ 768 स्खद् अ 771
क्रप् अ 775 त्वर् अ 776 ज्वर् अ 777 गड् अ 779 वट् अ 780 भट् अ 781 नट् अ 782
स्तक् अ 783 चक् अ 784 कख् अ 785 रग् अ 786 लग् अ 787 ह्रग् अ 788 ह्लग् अ
789 सग् अ 790 स्तग् अ 791 कग् अ 792 अक् अ 793 अग् अ 794 कण् अ 795 रण्
अ 796 चण् अ 797 शण् अ 798 श्रण् अ 799 श्रथ् अ 800 क्रथ् अ 801 क्रथ् अ 802
क्लथ् अ 803 वन् अ 804 ज्वल् अ 805 ह्वल् अ 806 ह्लल् अ 812 चल् अ 813 छद्
अ 814 लड् अ 815 मद् अ 816 ध्वन् अ 817 स्वन् अ 818 शम् अ 819 यम् अ 820
स्खद् अ 821 फण् अ 826 स्यम् अ 827 स्वन् अ 828 ध्वन् अ 829 सम् अ 830 स्तम्
अ 831 ज्वल् अ 832 चल् अ 833 जल् अ 834 टल् अ 835 ट्वल् अ 836 स्थल् अ
837 हल् अ 838 नल् अ 839 पल् अ 840 बल् अ 843 शल् अ 845 पत् अ 846 क्रथ् अ
847 पथ् अ 848 मथ् अ 849 वम् अ 850 भ्रम् अ 851 क्षर् अ 852 सह् अ 853 रम् अ
854 सद् अ 855 शद् अ 860 कस् अ 865 चत् अ 866 चद् अ 878 खन् अ 881 व्यय्
अ 886 अस् अ 887 स्पश् अ 888 लष् अ 889 चष् अ 890 छष् अ 891 झष् अ 973
बध् अ 974 रभ् अ 975 लभ् अ 977 हद् अ 980 यभ् अ 981 नम् अ 982 गम् अ 984
यम् अ 985 तप् अ 986 त्यज् अ 991 दह् अ 996 पच् अ 997 सच् अ 998 भज् अ
1000 शप् अ 1002 यज् अ 1003 वप् अ 1004 वह् अ 1005 वस् अ 1009 वद् अ
1011 अद् अ 1012 हन् अ 1023 वस् अ 1063 वच् अ 1065 अस् अ 1068 स्वप् अ
1069 श्वस् अ 1070 अन् अ 1078 सस् अ 1080 वश् अ 1100 भस् अ 1104 धन् अ
1105 जन् अ 1112 स्रस् अ 1113 क्रस् अ 1117 त्रस् अ 1128 सह् अ 1149 जन् अ
1159 तप् अ 1166 नह् अ 1168 शप् अ 1169 पद् अ 1175 अण् अ 1176 मन् अ
1181 व्यध् अ 1187 शक् अ 1193 रध् अ 1194 नश् अ 1201 शम् अ 1202 तम् अ
1203 दम् अ 1204 श्रम् अ 1205 भ्रम् अ 1206 क्षम् अ 1207 क्लम् अ 1208 मद् अ
1209 अस् अ 1210 यस् अ 1211 जस् अ 1212 तस् अ 1213 दस् अ 1214 वस् अ
1221 मस् अ 1240 नभ् अ 1261 शक् अ 1264 अश् अ 1268 सघ् अ 1272 अह् अ
1273 दघ् अ 1274 चम् अ 1290 लज् अ 1293 व्यच् अ 1301 त्वच् अ 1356 चल् अ

1380 कड् अ 1427 सद् अ 1428 शद् अ 1463 तन् अ 1464 सन् अ 1465 क्षण् अ
1470 वन् अ 1471 मन् अ 1520 नभ् अ 1523 अश् अ 1524 ध्रस् अ 1531 खच् अ
1533 ग्रह् अ 1540 लड् अ 1543 जल् अ 1545 नट् अ 1546 श्रथ् अ 1547 बध् अ
1553 प्रथ् अ 1564 शठ् अ 1565 श्वठ् अ 1578 श्रण् अ 1579 तड् अ 1580 खड् अ
1597 क्षल् अ 1598 तल् अ 1604 कल् अ 1608 चल् अ 1617 व्रज् अ 1624 झप् अ
1625 यम् अ 1626 चह् अ 1627 रह् अ 1628 बल् अ 1647 गज् अ 1658 ह्लप् अ
1668 जस् अ 1676 डप् अ 1680 स्पश् अ 1687 लल् अ 1691 शठ् अ 1693 स्यम् अ
1695 शम् अ 1699 गल् अ 1700 भल् अ 1705 मद् अ 1715 कण् अ 1718 जस् अ
1719 पश् अ 1720 अम् अ 1721 चट् अ 1723 घट् अ 1728 लस् अ 1733 भज् अ
1735 यत् अ 1736 रक् अ 1737 लग् अ 1741 त्रस् अ 1742 उध्रस् अ 1744 वस् अ
1745 चर् अ 1749 ग्रस् अ 1751 दल् अ 1752 पट् अ 1766 घट् अ 1778 नद् अ
1791 नट् अ 1801 तड् अ 1802 नल् अ 1805 स्वद् अ 1809 सह् अ 1818 तप् अ
1823 श्रथ् अ 1831 सद् अ 1833 छद् अ 1840 तन् अ 1841 वद् अ 1842 वच् अ
1851 कथ् अ 1852 वर् अ 1853 गण् अ 1854 शठ् अ 1855 श्वठ् अ 1856 पट् अ
1857 वट् अ 1858 रह् अ 1859 स्तन् अ 1860 गद् अ 1861 पत् अ 1862 पष् अ
1863 स्वर् अ 1864 रच् अ 1865 कल् अ 1866 चह् अ 1867 मह् अ 1870 श्रथ् अ
1889 ध्वन् अ 1898 पद् अ 1919 वट् अ 1920 लज् अ 1931 रस् अ 1932 व्यय् अ
1935 छद् अ 1937 व्रण् अ 1942 वस् अ

आ
1021 आस् आ 1260 आप् आ 1839 आप् आ

ा
4 गाध् ा 5 बाध् ा 6 नाथ् ा 7 नाध् ा 26 ह्राद् ा 27 ह्लाद् ा 28 स्वाद् ा
49 खाद् ा 112 राघ् ा 113 लाघ् ा 114 द्राघ् ा 115 श्लाघ् ा 122 राख् ा
123 लाख् ा 124 द्राख् ा 125 ध्राख् ा 126 शाख् ा 127 श्लाख् ा 181 भ्राज् ा
240 लाज् ा 286 बाड् ा 287 द्राड् ा 288 ध्राड् ा 289 शाड् ा 441 भाम् ा
486 क्ष्माय् ा 487 स्फाय् ा 488 प्याय् ा 489 ताय् ा 601 धाव् ा 612 भाष्
ा 623 कास् ा 624 भास् ा 625 नास् ा 626 रास् ा 645 वाह् ा 646 द्राह् ा
647 काश् ा 649 गाह् ा 822 राज् ा 823 भ्राज् ा 824 भ्राश् ा 825 भ्लाश् ा
863 याच् ा 880 चाय् ा 882 दाश् ा 894 दास् ा 895 माह् ा 972 मान् ा
994 दान् ा 995 शान् ा 1022 शास् ा 1074 चकास् ा 1075 शास् ा 1162
काश् ा 1163 वाश् ा 1180 राध् ा 1262 राध् ा 1263 साध् ा 1279 दाश् ा
1609 पाल् ा 1709 मान् ा 1843 मान् ा 1868 सार् ा 1872 भाम् ा 1877
कुमार् ा 1879 साम् ा 1882 वात् ा 1884 वास् ा 1885 निवास् ा 1886

भाज् ᴏा 1887 सभाज् ᴏा 1892 ग्राम् ᴏा 1911 पार् ᴏा 1922 सङ्ग्राम् ᴏा 1936 लाभ् ᴏा

इ

140 इख् इ 318 इट् इ 1127 इष् इ 1351 इष् इ 1357 इल् इ 1525 इष् इ 1660 इल् इ

ि

33 विथ् ि 39 चित् ि 47 सिध् ि 48 सिध् ि 103 टिक् ि 105 तिक् ि 301 किट् ि 302 खिट् ि 303 शिट् ि 304 सिट् ि 311 पिट् ि 315 चिट् ि 316 विट् ि 317 बिट् ि 319 किट् ि 339 पिठ् ि 362 तिप् ि 364 स्तिप् ि 534 तिल् ि 560 छिव् ि 642 प्लिह् ि 687 शिष् ि 694 रिष् ि 697 जिष् ि 698 विष् ि 699 मिष् ि 701 श्रिष् ि 702 श्लिष् ि 719 पिस् ि 722 निश् ि 723 मिश् ि 742 श्चित् ि 743 मिद् ि 744 स्विद् ि 868 मिद् ि 871 निद् ि 971 तिज् ि 978 स्विद् ि 992 मिह् ि 993 किट् ि 1001 त्विष् ि 1013 द्विष् ि 1015 दिह् ि 1016 लिह् ि 1064 विद् ि 1093 निज् ि 1094 विज् ि 1095 विष् ि 1103 धिष् ि 1107 दिव् ि 1108 सिव् ि 1109 स्निव् ि 1110 छिव् ि 1121 क्षिप् ि 1123 तिम् ि 1124 स्तिम् ि 1161 क्लिश् ि 1170 खिद् ि 1171 विद् ि 1179 लिश् ि 1186 श्लिष् ि 1188 स्विद् ि 1192 सिध् ि 1200 स्निह् ि 1217 बिस् ि 1231 रिष् ि 1232 डिप् ि 1242 क्लिद् ि 1243 मिद् ि 1244 द्विद् ि 1265 स्तिघ् ि 1266 तिक् ि 1267 तिग् ि 1283 दिश् ि 1285 क्षिप् ि 1289 विज् ि 1306 रिफ् ि 1325 विध् ि 1352 मिष् ि 1353 किल् ि 1354 तिल् ि 1355 चिल् ि 1358 विल् ि 1359 बिल् ि 1360 निल् ि 1361 हिल् ि 1362 शिल् ि 1363 सिल् ि 1364 मिल् ि 1365 लिख् ि 1371 डिप् ि 1420 रिश् ि 1421 लिश् ि 1424 विश् ि 1429 मिल् ि 1432 विद् ि 1433 लिप् ि 1434 सिच् ि 1436 खिद् ि 1437 पिश् ि 1439 भिद् ि 1440 छिद् ि 1441 रिच् ि 1442 विच् ि 1449 खिद् ि 1450 विद् ि 1451 शिष् ि 1452 पिष् ि 1460 विज् ि 1466 क्षिण् ि 1522 क्लिश् ि 1526 विष् ि 1532 हिठ् ि 1568 पिस् ि 1572 स्निह् ि 1573 स्मिट् ि 1574 श्लिष् ि 1605 विल् ि 1606 बिल् ि 1607 तिल् ि 1652 तिज् ि 1671 डिप् ि 1673 चित् ि 1677 डिप् ि 1706 दिव् ि 1708 विद् ि 1724 दिव् ि 1816 रिच् ि 1817 शिष् ि 1941 क्षिप् ि

ई

182 ईज् ई 611 ईष् ई 632 ईह् ई 684 ईष् ई 1018 ईर् ई 1019 ईड् ई 1020 ईश् ई
1667 ईड् ई 1810 ईर् ई

ी

75 शीक् ी 104 टीक् ी 106 तीक् ी 237 क्षीज् ी 350 क्रीड् ी 381 क्लीब् ी
382 क्षीब् ी 383 शीभ् ी 384 चीभ् ी 468 मीम् ी 517 मील् ी 518 श्मील् ी
519 स्मील् ी 520 क्ष्मील् ी 521 पील् ी 522 नील् ी 523 शील् ी 524 कील्
ी 562 जीव् ी 563 पीव् ी 564 मीव् ी 565 तीव् ी 566 नीव् ी 567 क्षीव्
ी 879 चीव् ी 1125 स्तीम् ी 1126 ब्रीड् ी 1150 दीप् ी 1544 पीड् ी 1640
कीट् ी 1774 चीव् ी 1789 शीक् ी 1826 शीक् ी 1827 चीक् ी 1878 शील्
ी 1903 वीर् ी 1912 तीर् ी

उ

128 उख् उ 338 उठ् उ 696 उष् उ 739 उह् उ 1223 उच् उ 1319 उभ् उ

ु

16 मुद् ु 24 गुद् ु 31 युत् ु 32 जुत् ु 40 च्युत् ु 41 श्च्युत् ु 91 कुक् ु 175
स्तुच् ु 183 शुच् ु 184 कुच् ु 195 म्रुच् ु 196 म्लुच् ु 197 ग्रुच् ु 198 ग्लुच् ु
199 कुज् ु 200 खुज् ु 244 तुज् ु 250 मुज् ु 260 स्फुट् ु 314 लुट् ु 323 मुड् ु
324 प्रुड् ु 329 स्फुट् ु 336 रुठ् ु 337 लुठ् ु 341 शुठ् ु 351 तुड् ु 352 हुड् ु
394 स्तुभ् ु 395 गुप् ु 403 चुप् ु 404 तुप् ु 406 त्रुप् ु 408 तुफ् ु 410 त्रुफ् ु
432 शुभ् ु 437 घुण् ु 653 घुष् ु 693 रुष् ु 700 पुष् ु 703 प्रुष् ु 704 प्लुष् ु
710 तुस् ु 737 तुह् ु 738 दुह् ु 741 च्युत् ु 745 रुच् ु 746 घुट् ु 747 रुट् ु
748 लुट् ु 749 लुठ् ु 750 शुभ् ु 751 क्षुभ् ु 753 तुभ् ु 841 पुल् ु 842 कुल् ु
844 हुल् ु 856 क्रुश् ु 857 कुच् ु 858 बुध् ु 859 रुह् ु 875 बुध् ु 896 गुह् ु
970 गुप् ु 1014 दुह् ु 1067 रुद् ु 1102 तुर् ु 1111 स्तुस् ु 1114 व्युष् ु 1115
प्लुष् ु 1118 कुथ् ु 1119 पुथ् ु 1120 गुध् ु 1129 सुह् ु 1165 शुच् ु 1172
बुध् ु 1173 युध् ु 1174 रुध् ु 1177 युज् ु 1182 पुष् ु 1183 शुष् ु 1184 तुष्
ु 1185 दुष् ु 1189 क्रुध् ु 1190 क्षुध् ु 1191 शुध् ु 1197 द्रुह् ु 1198 मुह् ु
1199 स्तुह् ु 1215 व्युष् ु 1216 प्लुष् ु 1218 कुस् ु 1219 बुस् ु 1220 मुस् ु
1222 लुट् ु 1230 रुष् ु 1233 कुप् ु 1234 गुप् ु 1235 युप् ु 1236 रुप् ु 1237
लुप् ु 1238 लुभ् ु 1239 क्षुभ् ु 1241 तुभ् ु 1281 तुद् ु 1282 नुद् ु 1288 जुष्
ु 1305 लुभ् ु 1309 तुप् ु 1311 तुफ् ु 1317 गुफ् ु 1321 शुभ् ु 1326 जुड् ु
1332 तुण् ु 1333 पुण् ु 1334 मुण् ु 1335 कुण् ु 1336 शुन् ु 1337 द्रुण् ु
1338 घुण् ु 1340 सुर् ु 1341 कुर् ु 1342 खुर् ु 1343 मुर् ु 1344 क्षुर् ु

1345 घुर् ॖ 1346 पुर् ॖ 1366 कुट् ॖ 1367 पुट् ॖ 1368 कुच् ॖ 1369 गुज् ॖ 1370 गुड् ॖ 1372 छुर् ॖ 1373 स्फुट् ॖ 1374 मुट् ॖ 1375 त्रुट् ॖ 1376 तुट् ॖ 1377 चुट् ॖ 1378 छुट् ॖ 1379 जुड् ॖ 1381 लुट् ॖ 1383 कुड् ॖ 1384 पुड् ॖ 1385 घुट् ॖ 1386 तुड् ॖ 1387 थुड् ॖ 1388 स्थुड् ॖ 1389 स्फुर् ॖ 1390 स्फुल् ॖ 1391 स्फुड् ॖ 1392 चुड् ॖ 1393 त्रुड् ॖ 1394 क्रुड् ॖ 1396 गुर् ॖ 1416 रुज् ॖ 1417 भुज् ॖ 1418 छुप् ॖ 1419 रुश् ॖ 1426 नुद् ॖ 1430 मुच् ॖ 1431 लुप् ॖ 1438 रुध् ॖ 1443 क्षुद् ॖ 1444 युज् ॖ 1454 भुज् ॖ 1517 गुध् ॖ 1518 कुष् ॖ 1519 क्षुभ् ॖ 1521 तुभ् ॖ 1527 घ्रुष् ॖ 1528 प्लुष् ॖ 1529 पुष् ॖ 1530 मुष् ॖ 1534 चुर् ॖ 1592 चुद् ॖ 1599 तुल् ॖ 1600 दुल् ॖ 1601 पुल् ॖ 1602 चुल् ॖ 1613 चुट् ॖ 1614 मुट् ॖ 1644 शुठ् ॖ 1646 जुड् ॖ 1670 रुष् ॖ 1672 स्तुप् ॖ 1698 त्रुड् ॖ 1722 स्फुड् ॖ 1726 घुष् ॖ 1740 मुद् ॖ 1743 मुच् ॖ 1750 पुष् ॖ 1753 पुट् ॖ 1754 लुट् ॖ 1771 गुप् ॖ 1775 पुथ् ॖ 1779 कुप् ॖ 1783 रुट् ॖ 1804 रुज् ॖ 1806 युज् ॖ 1834 जुष् ॖ 1893 कुण् ॖ 1894 गुण् ॖ 1901 कुह् ॖ 1913 पुट् ॖ 1929 सुख् ॖ

ऊ
483 ऊय् ऊ 648 ऊह् ऊ 683 ऊष् ऊ 1888 ऊन् ऊ

ॖ
25 सूद् ॗ 223 कूज् ॗ 353 हूड् ॗ 396 धूप् ॗ 484 पूय् ॗ 485 क्रूय् ॗ 525 कूल् ॗ 526 शूल् ॗ 527 तूल् ॗ 528 पूल् ॗ 529 मूल् ॗ 673 च्रूष् ॗ 674 तूष् ॗ 675 पूष् ॗ 676 मूष् ॗ 677 लूष् ॗ 678 रूष् ॗ 679 शूष् ॗ 680 यूष् ॗ 681 जूष् ॗ 682 भूष् ॗ 1151 पूर् ॗ 1152 तूर् ॗ 1153 ध्रूर् ॗ 1154 गूर् ॗ 1155 घूर् ॗ 1156 जूर् ॗ 1157 शूर् ॗ 1158 चूर् ॗ 1603 मूल् ॗ 1610 लूष् ॗ 1636 पूल् ॗ 1639 धूस् ॗ 1642 पूज् ॗ 1663 ब्रूस् ॗ 1688 कूण् ॗ 1689 तूण् ॗ 1690 भ्रूण् ॗ 1694 गूर् ॗ 1701 कूट् ॗ 1717 सूद् ॗ 1730 भूष् ॗ 1772 धूप् ॗ 1803 पूर् ॗ 1873 सूच् ॗ 1881 पल्पूल् ॗ 1890 कूट् ॗ 1896 कूट् ॗ 1902 शूर् ॗ 1904 स्थूल् ॗ 1933 रूप् ॗ

ऋ
176 ऋज् ऋ 1245 ऋध् ऋ 1271 ऋध् ऋ 1287 ऋष् ऋ 1302 ऋच् ऋ 1315 ऋफ् ऋ 1467 ऋण् ऋ

ृ
92 वृक् ृ 178 भृज् ृ 219 धृज् ृ 248 गृज् ृ 430 सृभ् ृ 650 गृह् ृ 705 पृष् ृ 706 वृष् ृ 707 मृष् ृ 708 घृष् ृ 709 हृष् ृ 733 दृह् ृ 735 बृह् ृ 758 वृत् ृ

759 वृध् ृ 760 शृध् ृ 762 कृप् ृ 873 शृध् ृ 874 मृध् ृ 983 सृप् ृ 988 दृश् ृ 990 कृष् ृ 1029 वृज् ृ 1030 पृच् ृ 1066 मृज् ृ 1116 नृत् ृ 1160 वृत् ृ 1164 मृष् ृ 1178 सृज् ृ 1195 तृप् ृ 1196 दृप् ृ 1224 भृश् ृ 1226 वृश् ृ 1227 कृश् ृ 1228 तृष् ृ 1229 हृष् ृ 1246 गृध् ृ 1269 धृष् ृ 1286 कृष् ृ 1307 तृप् ृ 1313 दृप् ृ 1323 दृभ् ृ 1324 चृत् ृ 1327 मृड् ृ 1328 पृड् ृ 1329 पृण् ृ 1330 वृण् ृ 1331 मृण् ृ 1347 वृह् ृ 1348 तृह् ृ 1349 स्तृह् ृ 1382 कृड् ृ 1395 भृड् ृ 1414 सृज् ृ 1422 स्पृश् ृ 1425 मृश् ृ 1435 कृत् ृ 1445 छृद् ृ 1446 तृद् ृ 1447 कृत् ृ 1455 तृह् ृ 1461 वृज् ृ 1462 पृच् ृ 1468 तृण् ृ 1469 घृण् ृ 1515 मृद् ृ 1516 मृड् ृ 1554 पृथ् ृ 1704 वृष् ृ 1734 शृध् ृ 1781 वृत् ृ 1782 वृध् ृ 1807 पृच् ृ 1812 वृज् ृ 1819 तृप् ृ 1820 छृद् ृ 1821 दृभ् ृ 1822 दृभ् ृ 1848 मृज् ृ 1849 मृष् ृ 1850 धृष् ृ 1869 कृप् ृ 1871 स्पृह् ृ 1899 गृह् ृ 1900 मृग् ृ

ॄ

1653 कॄत् ॄ

ॢ

1748 कॢप् ॢ

ए

2 एध् ए 179 एज् ए 234 एज् ए 267 एठ् ए 618 एष् ए

े

34 वेथ् े 78 द्रेक् े 79 ध्रेक् े 80 रेक् े 81 सेक् े 82 स्रेक् े 180 भ्रेज् े 231 तेज् े 266 हेठ् े 284 हेड् े 292 म्लेट् े 293 म्रेड् े 363 तेप् े 365 स्तेप् े 366 ग्लेप् े 367 वेप् े 368 केप् े 369 गेप् े 370 ग्लेप् े 371 मेप् े 372 रेप् े 373 लेप् े 385 रेभ् े 499 तेव् े 500 देव् े 501 सेव् े 502 गेव् े 503 ग्लेव् े 504 पेव् े 505 मेव् े 506 म्लेव् े 507 रेव् े 535 वेल् े 536 चेल् े 537 केल् े 538 खेल् े 539 श्वेल् े 541 पेल् े 542 फेल् े 543 शेल् े 568 क्षेव् े 607 क्लेश् े 614 गेप् े 615 पेष् े 616 जेष् े 617 नेष् े 619 प्रेष् े 620 रेष् े 621 हेष् े 622 ह्रेष् े 643 वेह् े 644 जेह् े 720 पेस् े 778 हेड् े 864 रेट् े 869 मेद् े 870 मेध् े 872 नेद् े 877 वेण् े 883 भेष् े 884 भ्रेष् े 885 भ्लेष् े 1874 खेट् े 1880 वेल् े 1883 गवेष् े 1891 सङ्केत् े 1895 केत् े 1897 स्तेन् े 1914 धेक् े 1934 छेद् े

ै
458 पैण् ै

ओ
121 ओख् ओ 454 ओण् ओ

ो
76 लोक् ो 77 श्लोक् ो 164 लोच् ो 285 होड् ो 354 होड् ो 356 रोड् ो 357
लोड् ो 455 शोण् ो 456 श्रोण् ो 457 श्लोण् ो 551 खोल् ो 552 खोर् ो 553
धोर् ो 867 प्रोथ् ो 1776 लोक् ो 1777 लोच् ो 1875 क्षोट् ो 1876 गोम् ो
1923 स्तोम् ो

ौ
98 ढौक् ौ 99 त्रौक् ौ 290 शौट् ौ 291 यौट् ौ 355 रौड् ौ

क्
116 फक्क् क् 119 बुक्क् क् 602 धुक्ष् क् 603 धिक्ष् क् 604 वृक्ष् क् 605 शिक्ष् क् 606
भिक्ष् क् 608 दक्ष् क् 609 दीक्ष् क् 610 ईक्ष् क् 654 अक्ष् क् 655 तक्ष् क् 656 त्वक्ष् क्
657 उक्ष् क् 658 रक्ष् क् 659 निक्ष् क् 660 त्रक्ष् क् 661 स्रक्ष् क् 662 नक्ष् क् 663 वक्ष्
क् 664 मृक्ष् क् 665 तक्ष् क् 666 सूर्क्ष् क् 667 काङ्क्ष् क् 668 वाङ्क्ष् क् 669 माङ्क्ष् क्
670 द्राङ्क्ष् क् 671 ध्राङ्क्ष् क् 672 ध्वाङ्क्ष् क् 770 दक्ष् क् 861 हिक्क् क् 892 भ्रक्ष्
क् 893 भ्लक्ष् क् 916 कैक् क् 951 कुक् क् 1017 चक्ष् क् 1042 कुक् क् 1071 जक्ष् क् 1101
कि क् 1253 कृक् क् 1401 कुक् क् 1409 कृक् क् 1472 कृक् क् 1478 स्कृक् क् 1485 कृक् क् 1496
कृक् क् 1538 लक्ष् क् 1550 पक्ष् क् 1557 भक्ष् क् 1593 नक्क् क् 1594 धक्क् क् 1595
चक्क् क् 1596 चुक्क् क् 1661 म्रक्ष् क् 1692 यक्ष् क् 1696 लक्ष् क् 1713 बुक्क् क्
1910 रूक्ष् क्

ख्
912 खै ख्

ग्
917 गै ग् 937 गृ ग् 949 गु ग् 950 गा ग् 1072 जागृ ग् 1106 गा ग् 1399 गु ग् 1410
गृ ग् 1498 गृ ग् 1707 गृ ग्

घ्

938 घृ घ् 952 घु घ् 1096 घृ घ् 1136 धी घ् 1255 धु घ् 1406 धि घ् 1650 घृ घ्

ङ्

83 स्रङ्क् ङ् 84 श्वङ्क् ङ् 85 क्ष्रङ्क् ङ् 86 शङ्क् ङ् 87 अङ्क् ङ् 88 वङ्क् ङ् 89 मङ्क् ङ् 94 कङ्क् ङ् 95 वङ्क् ङ् 96 श्वङ्क् ङ् 97 त्रङ्क् ङ् 107 रङ्घ् ङ् 108 लङ्घ् ङ् 109 अङ्घ् ङ् 110 वङ्घ् ङ् 111 मङ्घ् ङ् 118 तङ्क् ङ् 129 उङ्ख् ङ् 131 वङ्ख् ङ् 133 मङ्ख् ङ् 135 नङ्ख् ङ् 137 रङ्ख् ङ् 139 लङ्ख् ङ् 141 इङ्ख् ङ् 142 ईङ्ख् ङ् 144 रङ्ग् ङ् 145 लङ्ग् ङ् 146 अङ्ग् ङ् 147 वङ्ग् ङ् 148 मङ्ग् ङ् 149 तङ्ग् ङ् 150 त्वङ्ग् ङ् 151 श्रङ्ग् ङ् 152 क्ष्रङ्ग् ङ् 153 इङ्ग् ङ् 154 रिङ्ग् ङ् 155 लिङ्ग् ङ् 156 युङ्ग् ङ् 157 जुङ्ग् ङ् 158 बुङ्ग् ङ् 160 मङ्घ् ङ् 161 शिङ्घ् ङ् 954 डु ङ् 1638 टङ्क् ङ् 1739 लिङ्ग् ङ् 1760 लङ्घ् ङ् 1795 रङ्घ् ङ् 1796 लङ्घ् ङ् 1927 अङ्क् ङ् 1928 अङ्ग् ङ्

च्

205 म्लेच्छ् च् 206 लच्छ् च् 210 ह्रीच्छ् च् 214 युच्छ् च् 216 उच्छ् च् 513 शुच्य् च् 1251 चि च् 1295 उच्छ् च् 1296 ऋच्छ् च् 1297 मिच्छ् च् 1413 प्रच्छ् च् 1423 विच्छ् च् 1576 पिच्छ् च् 1629 चि च् 1662 म्लेच्छ् च् 1773 विच्छ् च् 1794 चि च्

छ्

1146 छो छ्

ज्

561 जि ज् 914 जै ज् 946 जि ज् 1130 जॄ ज् 1304 उज्झ् ज् 1494 जॄ ज् 1793 जि ज् 1814 जॄ ज्

झ्

1131 झॄ झ्

ञ्

167 श्वञ्च् ञ् 169 कञ्च् ञ् 170 काञ्च् ञ् 172 मुञ्च् ञ् 173 मञ्च् ञ् 174 पञ्च् ञ् 177 ऋञ्ज् ञ् 185 कुञ्च् ञ् 186 क्रुञ्च् ञ् 187 लुञ्च् ञ् 188 अञ्च् ञ् 189 वञ्च् ञ् 190 चञ्च् ञ् 191 तञ्च् ञ् 192 त्वञ्च् ञ् 193 म्रुञ्च् ञ् 194 म्लुञ्च् ञ् 201 ग्लुञ्च् ञ् 203 गुञ्ज् ञ् 207 लाञ्छ् ञ् 208 वाञ्छ् ञ् 209 आञ्छ् ञ् 215 उञ्छ् ञ् 218 ध्वञ्ज् ञ् 220 ध्रञ्ज् ञ् 222 ध्वञ्ज् ञ् 233 खञ्ज् ञ् 239 लञ्ज् ञ् 241 लाञ्ज् ञ् 243 जञ्ज् ञ् 245 तुञ्ज् ञ् 247 गञ्ज् ञ् 249 गृञ्ज् ञ् 251 मुञ्ज् ञ् 769 क्षञ्ज् ञ्

811 ज्ञा ञ् 862 अञ्च् ञ् 976 स्वञ्ज् ञ् 987 सञ्ज् ञ् 999 रञ्ज् ञ् 1026 निञ्ज् ञ्
1027 शिञ्ज् ञ् 1028 पिञ्ज् ञ् 1167 रञ्ज् ञ् 1294 उञ्छ् ञ् 1453 भञ्ज् ञ् 1458
अञ्ज् ञ् 1459 तञ्च् ञ् 1507 ज्ञा ञ् 1566 तुञ्ज् ञ् 1567 पिञ्ज् ञ् 1621 छञ्ज् ञ्
1651 पञ्च् ञ् 1703 वञ्च् ञ् 1732 ज्ञा ञ् 1738 अञ्च् ञ् 1755 तुञ्ज् ञ् 1756
मिञ्ज् ञ् 1757 पिञ्ज् ञ् 1758 लुञ्ज् ञ् 1759 भञ्ज् ञ् 1784 लञ्ज् ञ् 1785 अञ्ज्
ञ्

ट्

254 अट्ट् ट् 259 घट्ट् ट् 1558 कुट्ट् ट् 1559 पुट्ट् ट् 1560 चुट्ट् ट् 1561 अट्ट् ट्
1562 सुट्ट् ट् 1630 घट्ट् ट् 1632 खट्ट् ट् 1633 सट्ट् ट् 1634 स्फिट्ट् ट् 1702
कुट्ट् ट्

ड्

347 चुड्ड् ड् 348 अड्ड् ड् 349 कड्ड् ड् 968 डी ड् 1135 डी ड्

ण्

65 गण्ड् ण् 261 अण्ठ् ण् 262 वण्ठ् ण् 263 मण्ठ् ण् 264 कण्ठ् ण् 265 मुण्ठ् ण् 268
हिण्ड् ण् 269 हुण्ड् ण् 270 कुण्ड् ण् 271 वण्ड् ण् 272 मण्ड् ण् 273 भण्ड् ण् 274
पिण्ड् ण् 275 मुण्ड् ण् 276 तुण्ड् ण् 277 हुण्ड् ण् 278 चण्ड् ण् 279 शण्ड् ण् 280
तण्ड् ण् 281 पण्ड् ण् 282 कण्ड् ण् 283 खण्ड् ण् 321 मण्ड् ण् 322 कुण्ड् ण् 325
चुण्ड् ण् 326 मुण्ड् ण् 327 रुण्ट् ण् 328 लुण्ट् ण् 342 कुण्ठ् ण् 343 लुण्ठ् ण् 344 शुण्ठ्
ण् 345 रुण्ठ् ण् 346 लुण्ठ् ण् 361 गण्ड् ण् 434 घिण्ण् ण् 435 घृण्ण् ण् 436 घृण्ण् ण्
1037 क्ष्ण् ण् 1039 ऊर्ण् ण् 1537 स्फुण्ड् ण् 1542 ओलण्ड् ण् 1563 लुण्ठ् ण् 1581
खण्ड् ण् 1582 कण्ड् ण् 1583 कुण्ड् ण् 1584 गुण्ड् ण् 1585 खुण्ड् ण् 1586 वण्ट् ण्
1587 मण्ड् ण् 1588 भण्ड् ण् 1615 पण्ड् ण् 1645 शुण्ठ् ण् 1659 चुण्ट् ण् 1669
पिण्ड् ण् 1767 घण्ट् ण् 1792 पुण्ट् ण् 1800 लण्ड् ण् 1847 कण्ड् ण् 1926 दण्ड् ण्

त्

37 कत्थ् त् 922 स्तै त् 969 तृ त् 1043 स्तु त् 1252 स्तृ त् 1484 स्तृ त् 1536 यन्त्र् त्
1569 सान्त्व् त् 1678 तन्त्र् त् 1679 मन्त्र् त् 1682 भर्स् त् 1697 कुत्स् त् 1906 सत्र्
त् 1908 सूत्र् त् 1909 मूत्र् त् 1915 कत्र् त् 1917 चित्र् त् 1943 तुत्थ् त्

थ्

928 स्था थ्

द्

808 दृ द् 924 दै द् 930 दा द् 944 दु द् 962 दे द् 1059 दा द् 1091 दा द् 1133 दू द्
1134 दी द् 1148 दो द् 1256 दु द् 1280 दृ द् 1411 दृ द् 1493 दृ द् 1539 कुन्द् द्
1924 छिद्र् द्

ध्

900 धृ ध् 902 धे ध् 960 धृ ध् 1076 दीधी ध् 1092 धा ध् 1398 धू ध् 1412 धृ ध्
1487 धू ध् 1835 धू ध्

न्

9 स्कुन्द् न् 10 श्विन्द् न् 11 वन्द् न् 12 भन्द् न् 13 मन्द् न् 14 स्पन्द् न् 15 क्लिन्द् न्
35 श्रन्थ् न् 36 ग्रन्थ् न् 42 मन्थ् न् 43 कुन्थ् न् 44 पुन्थ् न् 45 लुन्थ् न् 46 मन्थ् न् 61
अन्त् न् 62 अन्द् न् 63 इन्द् न् 64 बिन्द् न् 66 निन्द् न् 67 नन्द् न् 68 चन्द् न् 69 त्रन्द्
न् 70 कन्द् न् 71 क्रन्द् न् 72 क्लन्द् न् 73 क्लिन्द् न् 74 शुन्ध् न् 587 इन्व् न् 588
पिन्व् न् 589 मिन्व् न् 590 निन्व् न् 591 हिन्व् न् 592 दिन्व् न् 593 धिन्व् न् 594
जिन्व् न् 595 रिन्व् न् 596 रन्व् न् 597 धन्व् न् 598 कृन्व् न् 761 स्यन्द् न् 772 कन्द्
न् 773 क्रन्द् न् 774 क्लन्द् न् 809 नृ न् 876 बुन्द् न् 901 नी न् 923 स्नै न् 929 स्ना न्
979 स्कन्द् न् 1035 नु न् 1038 स्तु न् 1052 स्ना न् 1082 ह्नु न् 1397 नू न् 1448
इन्ध् न् 1457 उन्द् न् 1480 क्रू न् 1495 नृ न् 1508 बन्ध् न् 1510 श्रन्थ् न् 1511 मन्थ्
न् 1512 श्रन्थ् न् 1513 ग्रन्थ् न् 1514 कुन्थ् न् 1535 चिन्त् न् 1541 मिन्द् न् 1575
पन्थ् न् 1577 छन्द् न् 1684 गन्ध् न् 1727 क्रन्द् न् 1825 ग्रन्थ् न् 1832 शुन्ध् न्
1837 श्रन्थ् न् 1838 ग्रन्थ् न् 1925 अन्ध् न्

प्

920 पै प् 925 पा प् 966 पू प् 1056 पा प् 1086 पृ प् 1141 पी प् 1258 पृ प् 1259
स्पृ प् 1402 पृ प् 1405 पि प् 1482 पू प् 1489 पृ प् 1548 पृ प्

ब्

1303 उब्ज् ब् 1714 शब्द् ब्

भ्

1 भू भ् 556 अभ्र् भ् 557 वभ्र् भ् 558 मभ्र् भ् 898 भ्रृ भ् 1051 भा भ् 1084 भी भ्
1087 भृ भ् 1491 भृ भ् 1623 श्वभ्र् भ् 1747 भू भ् 1844 भू भ्

म्

375 कम्प् म् 376 रम्ब् म् 377 लम्ब् म् 378 अम्ब् म् 379 लम्ब् म् 386 स्तम्भ् म् 387 स्कम्भ् म् 388 जम्भ् म् 389 जृम्भ् म् 393 श्रम्भ् म् 405 तुम्प् म् 407 त्रुम्प् म् 409 तुम्फ् म् 411 त्रुम्फ् म् 414 रम्फ् म् 426 कुम्ब् म् 427 लुम्ब् म् 428 तुम्ब् म् 429 चुम्ब् म् 431 सृम्भ् म् 433 शुम्भ् म् 467 हम्म् म् 757 स्तम्भ् म् 807 स्मृ म् 927 ध्मा म् 933 स्मृ म् 948 स्मि म् 961 मे म् 967 मू म् 1062 मा म् 1088 मा म् 1137 मी म् 1142 मा म् 1250 मि म् 1270 दम्भ् म् 1308 तृम्फ् म् 1310 तुम्प् म् 1312 तुम्फ् म् 1314 दृम्फ् म् 1316 ऋम्फ् म् 1318 गुम्फ् म् 1320 उम्भ् म् 1322 शुम्भ् म् 1403 मृ म् 1476 मी म् 1492 मृ म् 1555 सम्ब् म् 1556 शम्ब् म् 1619 चम्प् म् 1620 क्षम्प् म् 1635 चुम्ब् म् 1655 कुम्ब् म् 1656 लुम्ब् म् 1657 तुम्ब् म् 1716 जम्भ् म् 1824 मी म्

य्

905 द्यै य् 908 ध्यै य् 910 स्त्यै य् 911 स्त्यै य् 955 च्यु य् 956 ज्यु य् 963 श्यै य् 964 प्यै य् 1007 व्ये य् 1033 यु य् 1040 द्यु य् 1049 या य् 1060 ख्या य् 1479 यु य् 1499 ज्या य् 1710 यु य् 1746 च्यु य्

र्

3 स्पर्ध् र् 19 स्वर्द् र् 20 उर्द् र् 21 कुर्द् र् 22 खुर्द् र् 23 गुर्द् र् 29 पर्द् र् 55 अर्द् र् 56 नर्द् र् 57 गर्द् र् 58 तर्द् र् 59 कर्द् र् 60 खर्द् र् 162 वर्च् र् 204 अर्च् र् 211 हुर्छ् र् 212 मुर्छ् र् 213 स्फुर्छ् र् 224 अर्ज् र् 225 सर्ज् र् 226 गर्ज् र् 227 तर्ज् र् 228 कर्ज् र् 229 खर्ज् र् 235 स्फूर्ज् र् 412 पर्प् र् 415 अर्ब् र् 416 पर्ब् र् 417 लर्ब् र् 418 बर्ब् र् 419 मर्ब् र् 420 कर्ब् र् 421 खर्ब् र् 422 गर्ब् र् 423 शर्ब् र् 424 सर्ब् र् 425 चर्ब् र् 438 घूर्ण् र् 514 हर्य् र् 569 उर्व् र् 570 तुर्व् र् 571 थुर्व् र् 572 दुर्व् र् 573 धुर्व् र् 574 गुर्व् र् 575 मुर्व् र् 576 पुर्व् र् 577 पर्व् र् 578 मर्व् र् 579 चर्व् र् 580 भर्व् र् 581 कर्व् र् 582 खर्व् र् 583 गर्व् र् 584 अर्व् र् 585 शर्व् र् 586 सर्व् र् 613 वर्ष् र् 636 गर्ह् र् 638 बर्ह् र् 640 वर्ह् र् 716 जर्ज् र् 717 चर्च् र् 718 झर्झ् र् 740 अर्ह् र् 810 श्रा र् 897 श्रि र् 906 द्रै र् 907 ध्रै र् 909 रै र् 919 श्रै र् 926 घ्रा र् 940 स्रु र् 942 श्रु र् 943 ध्रु र् 945 द्रु र् 947 जि्र र् 957 पु्र र् 959 रु र् 965 त्रै र् 1034 रु र् 1044 ब्रू र् 1053 श्रा र् 1054 द्रा र् 1057 रा र् 1061 प्रा र् 1073 दरिद्रा र् 1085 ह्री र् 1138 री र् 1140 त्री र् 1144 प्री र् 1275 रि र् 1277 चिरि र् 1278 जिरि र् 1298 जर्ज् र् 1299 चर्च् र् 1300 झर्झ् र् 1339 घूर्ण् र् 1400 ध्रु र् 1404 रि र् 1473 क्री र् 1474 प्री र् 1475 श्री र् 1481 द्रू र् 1500 री र् 1504 त्री र् 1505 भ्री र् 1549 ऊर्ज् र् 1551 वर्ण् र् 1552 चूर्ण् र् 1589 छर्द् र् 1612 शूर्प् र् 1622 श्वर्त् र् 1641 चूर्ण् र् 1643 अर्क् र् 1648 मार्ज् र् 1649 मर्च् र् 1654 वर्ध् र् 1664 बर्ह् र् 1665 गुर्द् र् 1681 तर्ज् र् 1712 चर्च् र् 1725 अर्ज् र् 1731 अर्ह् र् 1769 बर्ह् र् 1780 तर्क् र् 1808 अर्च् र् 1815 जि्र र् 1828

अर्द् र् 1830 अर्ह् र् 1836 प्री र् 1845 गर्ह् र् 1846 मार्ग् र् 1905 अर्थ् र् 1907 गर्व् र् 1938 वर्ण् र् 1939 पर्ण् र्

ल्

143 वल्ग् ल् 390 शल्भ् ल् 391 वल्भ् ल् 392 गल्भ् ल् 398 जल्प् ल् 492 वल्ल् ल् 494 मल्ल् ल् 496 भल्ल् ल् 498 कल्ल् ल् 531 चुल्ल् ल् 532 फुल्ल् ल् 533 चिल्ल् ल् 540 वेल्ल् ल् 550 श्वल्ल् ल् 637 गल्ह् ल् 639 बल्ह् ल् 641 वल्ह् ल् 903 ग्लै ल् 904 म्लै ल् 958 प्लु ल् 1058 ला ल् 1139 ली ल् 1483 लू ल् 1501 ली ल् 1502 ब्ली ल् 1503 प्ली ल् 1570 श्वल्क् ल् 1571 वल्क् ल् 1611 शुल्ब् ल् 1618 शुल्क् ल् 1770 बल्ह् ल् 1811 ली ल्

व्

508 मव्य् व् 921 वै व् 931 ह्वृ व् 932 स्वृ व् 934 ह्वृ व् 939 ध्वृ व् 1006 वे व् 1008 ह्वे व् 1010 श्वि व् 1048 वी व् 1050 वा व् 1077 वेवी व् 1254 वृ व् 1486 वृ व् 1490 वृ व् 1509 वृ व् 1813 वृ व्

श्

918 शै श् 1032 शी श् 1145 शो श् 1249 शि श् 1292 व्रश्च् श् 1488 शॄ श् 1921 मिश्र् श्

ष्

100 ष्वष्क् ष् 236 क्षि ष् 255 वेष्ट् ष् 256 चेष्ट् ष् 257 गोष्ट् ष् 258 लोष्ट् ष् 509 सूर्ष्य् ष् 510 ईर्ष्य् ष् 511 ईर्ष्य् ष् 913 क्षै ष् 1036 क्षु ष् 1122 पुष्प् ष् 1276 क्षि ष् 1407 क्षि ष् 1506 क्षी ष् 1685 विष्क् ष् 1686 निष्क् ष् 1916 बष्क् ष् 1940 विष्क् ष् 101

स्

वस्क् स् 102 मस्क् स् 202 सस्ज् स् 915 सै स् 935 सृ स् 941 सु स् 1031 सू स् 1041 सु स् 1055 प्सा स् 1079 संस्त् स् 1099 सृ स् 1132 सू स् 1147 सो स् 1247 सु स् 1248 सि स् 1284 भ्रस्ज् स् 1291 लस्ज् स् 1408 सू स् 1415 मस्ज् स् 1477 सि स् 1590 पुस्त् स् 1591 बुस्त् स् 1631 मुस्त् स् 1683 बस्त् स् 1711 कुस्म् स्

ह्

899 हृ ह् 1083 हु ह् 1089 हा ह् 1090 हा ह् 1097 हृ ह् 1257 हि ह्

Latin Transliteration Chart

International Alphabet of Sanskrit Transliteration (I.A.S.T.)

a	ā	i	ī	u	ū	ṛ	ṝ		ḷ	
अ	आ	इ	ई	उ	ऊ	ऋ	ॠ		ऌ	
						ृ	ॄ		ॢ	
e	ai	o	au	ṃ	m̐	ḥ	Ardha Visarga		oṃ	
ए	ऐ	ओ	औ	ं	ँ	ः	◌ᳵ		ॐ	

Consonants are shown with a vowel 'a = अ' for uttering

ka	क	ca	च	ṭa	ट	ta	त	pa	प
kha	ख	cha	छ	ṭha	ठ	tha	थ	pha	फ
ga	ग	ja	ज	ḍa	ड	da	द	ba	ब
gha	घ	jha	झ	ḍha	ढ	dha	ध	bha	भ
ṅa	ङ	ña	ञ	ṇa	ण	na	न	ma	म

ya	ra	la	va		ḷa	'			
य	र	ल	व		ळ	S			

					Consonant only				
śa	ṣa	sa	ha		ka	क्अ = क			
श	ष	स	ह		k	क्			

Alphabetical Index of Dhatus

* Indexed on original Dhatu as in Dhatupatha.
* Contains 1943 Dhatus along with Tag letters.
* Shows Dhatu Serial Number which is unique and easily referenced in standard Dhatupathas.
* Easily locate dhatus that begin with a tag letter e.g. ubundir 876, ñiindhī 1448, ṭuośvi 1010, etc.
* Dhatus with ṇo naḥ natvam are under ṇa , e.g. ṇakṣa 662, ṇakha 134
* Dhatus with ṣaḥ saḥ satvam are under ṣa , e.g. ṣage 789, ṣagha 1268
* idit Dhatus e.g. aki 87, aji 1785 , aṭhi 261
* Dhatus that have a penultimate nakāra are listed with the nakāra changed to the corresponding row class nasal, e.g. añcu 188, tumpa 1311

Out of 1943 Roots, there are some 662 Dhatus that are commonly found in literature. These have been **highlighted** to aid one's study.

	ano				
aṃsa 1918	**rudha 1174**	ahi 635	**īḍa 1019**	ubja 1303	eṭha 267
aka 792	andha 1925	ahi 1797	īḍa 1667	ubha 1319	**edha 2**
aki 87	abi 378	āṅaḥ **kranda 1727**	īra 1018	umbha 1320	eṣṛ 618
akṣū 654	abhra 556	āṅaḥ **śasi 629**	īra 1810	**urda 20**	okhṛ 121
aga 793	ama 465	āṅaḥ **śāsu 1022**	īrkṣya 510	urvī 569	**oṇṛ 454**
agi 146	ama 1720	āṅaḥ ṣada 1831	**īrṣya 511**	**uṣa 696**	opyāyī 488
aghi 109	**aya 474**	āchi 209	**īśa 1020**	uhir 739	olajī 1290
aṅka 1927	arka 1643	**āpḷ 1260**	īśucir 1165	ūna 1888	olaḍi 1542
aṅga 1928	**arca 204**	**āpḷ 1839**	**īṣa 611**	**ūyī 483**	**olasjī 1291**
aja 230	arca 1808	**āsa 1021**	**īṣa 684**	**ūrja 1549**	**ovijī 1289**
aji 1785	**arja 224**	**ik 1047**	**īha 632**	**ūrṇuñ 1039**	**ovijī 1460**
añcu 188	arja 1725	ikha 140	**ukṣa 657**	ūṣa 683	ovai 921
añcu 862	**artha 1905**	ikhi 141	**ukha 128**	**ūha 648**	**ovraścū 1292**
añcu 1738	**arda 55**	**igi 153**	**ukhi 129**	**ṛ 936**	**ohāk 1090**
añjū 1458	arda 1828	**iṅ 1046**	uṅ 953	ṛ 1098	**ohāṅ 1089**
aṭa 295	arba 415	**iṭa 318**	uca 1223	**ṛca 1302**	kaka 90
aṭṭa 254	arva 584	**iṇ 1045**	**uchi 215**	**ṛcha 1296**	kaki 94
aṭṭa 1561	**arha 740**	**idi 63**	uchi 1294	**ṛja 176**	kakha 120
aṭhi 261	**arha 1731**	ila 1357	uchī 216	ṛji 177	kakhe 784
aḍa 358	arha 1830	ila 1660	uchī 1295	ṛṇu 1467	kage 791
aḍḍa 348	**ala 515**	**ivi 587**	uchṛdir 1445	**ṛdhu 1245**	kaca 168
aṇa 444	**ava 600**	**iṣa 1127**	**ujjha 1304**	**ṛdhu 1271**	kaci 169
aṇa 1175	**aśa 1523**	**iṣa 1351**	uṭha 338	ṛpha 1315	**kaṭī 320**
ata 38	**aśū 1264**	iṣa 1525	utṛdir 1446	ṛmpha 1316	kaṭe 294
ati 61	asa 886	**īkṣa 610**	udhrasa 1524	ṛṣī 1287	kaṭha 333
ada 1011	**asa 1065**	īkhi 142	udhrasa 1742	ṝ 1497	kaṭhi 264
adi 62	**asu 1209**	**īṅ 1143**	**undī 1457**	**ejṛ 179**	kaṭhi 1847
ana 1070	aha 1272	īja 182	ubundir 876	**ejṛ 234**	kaḍa 360

kaḍa 1380	kāci 170	kuṇa 1335	kṛḍa 1382	**krīḍṛ 350**	**kṣiṇu 1466**
kaḍi 282	**kāsṛ 647**	kuṇa 1893	**kṛtī 1435**	kruñca 186	**kṣipa 1121**
kaḍi 1582	**kāsṛ 1162**	**kutsa 1697**	kṛtī 1447	kruḍa 1394	**kṣipa 1285**
				krudha 1189	
kaḍḍa 349	kāsṛ 623	kutha 1118	kṛpa 1748		kṣipa 1941
kaṇa 449	ki 1101	**kuthi 43**	kṛpa 1869	**kruśa 856**	kṣīja 237
kaṇa 794	kiṭa 301	kudri 1539	**kṛpū 762**	klatha 802	**kṣībṛ 382**
kaṇa 1715	kiṭa 319	kuntha1514	kṛvi 598	kladi 72	kṣīvu 567
kattha 37	**kita 993**	**kupa 1233**	**kṛśa 1227**	kladi 774	kṣīṣ 1506
				klamu 1207	
katra1915	kila 1353	kupa 1779	**kṛṣa 990**		**kṣudir 1443**
katha 1851					**kṣudha 1190**
	kīṭa 1640	kubi 426	**kṛṣa 1286**	**klidi 15**	
kadi 70	kīla 524	kubi 1655	**kṝ 1409**	**klidi 73**	**kṣubha 751**
		kumāra 1877			**kṣubha 1239**
kadi 772	**ku 1042**		**kṝ 1496**	klidū 1242	
					kṣubha 1519
kanī 460	kuka 91	kura 1341	**kṛñ 1485**	**kliśa 1161**	kṣura 1344
kapi 375	kuṅ 951	**kurda 21**	**kṝta 1653**	**kliśū 1522**	kṣevu 568
kabṛ 380	kuṅ 1401	kula 842	keta 1895	**klībṛ 381**	kṣai 913
kamu 443	kuca 184	kuśi 1765	kepṛ 368	kleśa 607	kṣoṭa 1875
karja 228	kuca 857	kuṣa 1518	kelṛ 537	**kvaṇa 450**	**kṣṇu 1037**
karda 59	kuca1368	**kusa 1218**	**kai 916**	kvathe 846	kṣmāyī 486
karba 420	kuju 199	kusi 1763	knatha800	kṣaji 769	
	kuñca 185		knasu 1113		kṣmīla 520
karva 581		kusma 1711		kṣaṇu 1465	kṣvelṛ 539
kala 497	kuṭa 1366	kuha 1901	knūñ 1480	kṣapi 1620	
	kuṭṭa 1558			**kṣamū 1206**	khaca 1531
kala 1604		**kūja 223**	knūyī 485	**kṣamūṣ 442**	
kala 1865	kuṭṭa1702	kūṭa 1701	kmara 555		khaja 232
kalla 498	**kuṭhi 342**	kūṭa 1890	kratha801	**kṣara 851**	**khaji 233**
kaṣa 685	kuḍa1383	kūṇa 1688	**kradi 71**	**kṣala 1597**	khaṭa 309
kasa 860	kuḍi 270	kūṇa 1896	kradi 773	**kṣi 236**	khaṭṭa1632
kasi 1024	kuḍi 322	kūla 525	krapa 771	kṣi 1276	khaḍa 1580
kākṣi 667	kuḍi 1583	**kṛñ 1253**	**kramu473**	**kṣi 1407**	khaḍi 283

caha 1866	cubi 1635	cheda 1934	jiṣu 697	**jvala 831**	**ṭunadi 67**
					ṭubhrājṛ
cāyṛ 880	**cura 1534**	cho 1146	**jīva 562**	jhaṭa 306	**823**
ci 1794	cula 1602	**jakṣa 1071**	jugi 157	jhamu 472	ṭubhrāṣṛ 824
ciñ 1251	culla 531	jaja 242	juḍa 1326	jharjha 718	ṭubhlāṣṛ 825
					ṭumasjo
ciñ 1629	cūrī 1158	jaji 243	juḍa 1379	jharjha 1300	**1415**
ciṭa 315	cūrṇa 1552	jaṭa 305	juḍa 1646	jhaṣa 689	**ṭuyācṛ 863**
cita 1673	cūrṇa 1641	jana 1105	jutṛ 32	jhaṣa 891	**ṭuvama 849**
citi 1535	**cūṣa 673**	**janī 1149**	juṣa 1834	jhṝṣ 1131	**ṭuvepṛ 367**
				ñiindhī	
citī 39	cṛtī 1324	**japa 397**	**juṣī 1288**	**1448**	ṭvala 835
				ñikṣvidā	
citra 1917	celṛ 536	jabhi 1716	jūrī 1156	1244	ḍapa 1676
ciri 1277	**ceṣṭa 256**	jabhī 388	jūṣa 681	**ñitṛṣā 1228**	ḍipa 1232
cila 1355	cyu 1746	jamu 471	**jṛbhi 389**	ñitvarā 775	ḍipa 1371
				ñidhṛṣā	
cilla 533	cyuṅ 955	jarja 716	**jṝ 1494**	**1269**	ḍipa 1671
cīka 1827	**cyutir 40**	jarja 1298	jṝ 1814	ñiphalā 516	ḍipa 1677
cībhṛ 384	chaji 1621	**jala 833**	**jṛṣ 1130**	**ñibhī 1084**	**ḍīṅ 968**
cīva 1774	chada 1833	jala 1543	jeṣṛ 616	ñimidā 743	**ḍīṅ 1135**
cīvṛ 879	chada 1935	**jalpa 398**	jehṛ 644	ñimidā 1243	**ḍukṛñ 1472**
cukka	chadi			**ñiṣvapa**	
1596	1577	jaṣa 688	jai 914	**1068**	**ḍukrīñ 1473**
	chadiḥ		jñapa		
cuṭa 1377	813	jasi 1666	1624	**ñiṣvidā 744**	**ḍudāñ 1091**
	chamu				**ḍudhāñ**
cuṭa 1613	470	jasu 1211	jñā 811	ñiṣvidā 978	**1092**
	charda				**ḍupacaṣ**
cuṭi 1659	**1589**	jasu 1668	**jñā 1507**	ṭaki 1638	**996**
cuṭṭa 1560	chaṣa 890	jasu 1718	jñā 1732	ṭala 834	**ḍubhṛñ 1087**
	chidir				
cuḍa 1392	**1440**	**jāgṛ 1072**	**jyā 1499**	ṭikṛ 103	**ḍumiñ 1250**
	chidra				**ḍulabhaṣ**
cuḍi 325	1924	**ji 561**	jyuṅ 956	ṭīkṛ 104	**975**
cuḍḍa 347	chuṭa 1378	ji 946	jri 947	**ṭuośvi 1010**	**ḍuvap 1003**
	chupa			ṭuosphūrjā	
cuda 1592	1418	ji 1793	jri 1815	235	ḍhaukṛ 98
cupa 403	chura 1372	jiri 1278	**jvara 776**	ṭukṣu 1036	ṇakṣa 662
cubi 429	chṛdī 1820	jivi 594	jvala 804	**ṭudu 1256**	ṇakha 134

ṇakhi 135	ṇuda 1282	tala 1598	tupa 404	tṛmpha 1308	tsara 554
ṇaṭa 310	ṇuda1426	tasi 1729	tupa 1309	tṛha 1455	thuḍa 1387
ṇaṭa 781	ṇū 1397	tasu 1212	tupha 408	tṛhū 1348	thurvī 571
ṇada 54	ṇedṛ 872	tāyṛ 489	tupha 1311	tṝ 969	daṃśa 989
ṇada 1778	ṇeṣṛ 617	tika 1266	tubi 428	teja 231	dakṣa 608
ṇabha 752	taka 117	tikṛ 105	tubi 1657	tepṛ 363	dakṣa 770
ṇabha1240	taki 118	tiga 1267	tubha 753	tevṛ 499	dagha 1273
ṇabha1520	takṣa 665	tija 971	tubha 1241	tyaja 986	daṇḍa 1926
ṇama 981	takṣū 655	tija 1652	tubha 1521	traki 97	dada 17
ṇaya 480	tagi 149	tipṛ 362	tumpa 405	trakṣa 660	dadha 8
ṇala 838	tañcu 191	tima 1123	tumpa1310	tradi 69	damu 1203
ṇaśa 1194	tañcū 1459	tila 534	tumpha 409	trapūṣ 374	dambhu 1270
ṇasa 627	taṭa 308	tila 1354	tumpha 1312	trasa 1741	daya 481
ṇaha 1166	taḍa 1579	tila 1607	tura 1102	trasi 1761	daridrā 1073
ṇāsṛ 625	taḍa 1801	tīkṛ 106	turvī 570	trasī 1117	dala 548
ṇikṣa 659	taḍi 280	tīra 1912	tula 1599	truṭa 1375	dala 1751
ṇiji 1026	tatri 1678	tīva 565	tuṣa 1184	truṭa 1698	daśi 1674
ṇijir 1093	tanu 1463	tuja 244	tusa 710	trupa 406	daśi 1764
ṇidi 66	tanu 1840	tuji 245	tuhir 737	trupha 410	dasi 1675
ṇidṛ 871	tapa 985	tuji 1566	tūṇa 1689	trumpa 407	dasi 1786
ṇila 1360	tapa 1159	tuji 1755	tūrī 1152	trumpha 411	dasu 1213
ṇivi 590	tapa 1818	tuṭa 1376	tūla 527	traiṅ 965	daha 991
ṇiśa 722	tamu1202	tuḍa 1386	tūṣa 674	traukṛ 99	dāṇ 930
ṇisi 1025	taya 479	tuḍi 276	tṛkṣa 660	tvakṣū 656	
ṇīñ 901	tarka1780	tuḍṛ 351	tṛṇu 1468	tvagi 150	dāna 994
ṇīla 522	tarja 227	tuṇa 1332	tṛnhū 1350	tvaca 1301	dāp 1059
ṇīva 566	tarja1681	tuttha 1943	tṛpa 1195	tvañcu 192	dāśa 1279
ṇu 1035	tarda 58	tuda 1281	tṛpa 1307	tviṣa 1001	dāśṛ 882
			tṛpa 1819		dāsṛ 894

divi 592	dṛhi 734	dhi 1406	dhraṇa 459	nṝ 1495	pasi 1616
divu 1107	dṝ 808	dhikṣa 603	dhrākṣi 671	pakṣa 1550	**pā 925**
divu 1706	**dṝ 1493**	**dhivi 593**	dhrākhṛ 125	**paci 174**	**pā 1056**
divu 1724	deṅ 962	dhiṣa 1103	dhrāḍṛ 288	paci 1651	pāra 1911
diśa 1283	**devṛ 500**	dhīṅ 1136	dhru 943	paṭa 296	**pāla 1609**
diha 1015	daip 924	dhukṣa 602	dhru 1400	paṭa 1752	pi 1405
dīkṣa 609	**do 1148**	dhuñ 1255	dhrekṛ 79	paṭa 1856	picha 1576
dīṅ 1134	**dyu 1040**	dhurvī 573	dhrai 907	**paṭha 330**	piji 1028
dīdhīṅ 1076			**dhvaṃsu 755**		
	dyuta 741	**dhū 1398**		paḍi 281	piji 1567
dīpī 1150	dyai 905	**dhūñ 1487**	dhvaja 221	paḍi 1615	piji 1757
du 944	drama 466	dhūñ 1835	dhvaji 222	**paṇa 439**	piṭa 311
duḥkha 1930			dhvaṇa 453		
	drā 1054	**dhūpa 396**		pata 1861	piṭha 339
durvī 572	drākṣi 670	dhūpa 1772	**dhvana 816**	**paṭḷ 845**	**piḍi 274**
dula 1600	drākhṛ 124	dhūrī 1153	dhvana 828	pathi 1575	piḍi 1669
duṣa 1185	drāghṛ 114	dhūsa 1639	dhvana 1889	pathe 847	pivi 588
duha 1014	drāḍṛ 287	dhṛṅ 960	**dhvākṣi 672**	**pada 1169**	piśa 1437
duhir 738	drāhṛ 646	**dhṛṅ 1412**	dhvṛ 939	pada 1898	**piṣḷ 1452**
dūṅ 1133	**dru 945**	dhṛja 219	nakka 1593	pana 440	pisa 1568
dṛ 1280	druṇa 1337	dhṛji 220	naṭa 1545	paya 476	pisi 1762
dṛṅ 1411	**druha 1197**	**dhṛñ 900**	naṭa 1791	parṇa 1939	pisṛ 719
dṛpa 1196	drūñ 1481	**dhṛṣa 1850**	**narda 56**	**parda 29**	pīṅ 1141
dṛpa 1313	drekṛ 78	dheka 1914	nala 1802	parpa 412	**pīḍa 1544**
dṛbha 1822	drai 906	**dheṭ 902**	**nāthṛ 6**	parba 416	pīla 521
dṛbhī 1323	**dviṣa 1013**	dhorṛ 553	nādhṛ 7	**parva 577**	**pīva 563**
dṛbhī 1821	dhakka 1594		nivāsa 1885	pala 839	puṃsa 1637
dṛmpha 1314	dhana 1104	**dhmā 927**		palpūla 1881	
dṛśir 988	dhavi 597	**dhyai 908**	niṣka 1686	paśa 1719	puṭa 1367
dṛha 733	**dhāvu 601**	dhraja 217	**nṛtī 1116**	paṣa 1862	puṭa 1753
		dhraji 218	nṛ 809		puṭa 1913

puṭi 1792	pṛca 1807	pruṣu 703	baṣka1916	bhaṭa 307	**bhṛjī 178**
puṭṭa1559	pṛcī 1030	preṣṛ 619	basta1683	bhaṭa 780	**bhṛñ 898**
puḍa1384	**pṛcī 1462**	prothṛ 867	bahi 633	bhaḍi 273	bhṛḍa 1395
puṇa1333	pṛḍa1328	pliha 642	bādṛ 286	bhaḍi 1588	bhṛśi 1787
putha1119	pṛṇa1329	plī 1503	bādhṛ 5	**bhaṇa 447**	bhṛśu 1224
putha 1775	pṛtha 1554	pluṅ 958	biṭa 317	**bhadi 12**	bhṝ 1491
				bhartsa 1682	
puthi 44	pṛṣu 705	**pluṣa 1115**	bidi 64		bheṣṛ 883
pura 1346	**pṝ 1086**	pluṣa 1216	bila 1359	bharva 580	bhyasa 628
					bhraṃśu 1225
purva 576	**pṝ 1489**	pluṣa 1528	bila 1606	bhala 495	bhraṃsu 756
pula 841	**pṝ 1548**	pluṣu 704	bisa 1217	bhala 1700	bhrakṣa 892
pula 1601	pelṛ 541	psā 1055	**bukka 119**	bhalla 496	bhraṇa 452
puṣa 700	pevṛ 504	**phakka 116**	bukka1713	bhaṣa 695	**bhramu 850**
puṣa 1182	peṣṛ 615	phaṇa 821	bugi 158	bhasa 1100	**bhramu 1205**
puṣa 1529	peṣṛ 720	**phala 530**	**budha 858**	**bhā 1051**	**bhrasja 1284**
			budha 1172		
puṣa 1750	pai 920	**phulla 532**	budhir 875	**bhāja 1886**	
puṣpa1122	painṛ 458	pheḷ 542		**bhāma 441**	**bhrājṛ 181**
pusta 1590	pyaiṅ 964			bhāma 1872	bhrī 1505
	pracha 1413	bada 51	busa 1219		bhrūṇa 1690
pūṅ 966		**badha 973**	busta 1591	**bhāṣa 612**	
pūja 1642	**pratha765**	badha 1547	bṛha 735	**bhāsṛ 624**	bhrejṛ 180
	pratha 1553	**bandha 1508**			
pūñ 1482			**bṛhi 736**	**bhikṣa 606**	bhreṣṛ 884
pūyī 484	prasa 766	barba 418	bṛhi 1768	**bhidir 1439**	bhlakṣa 893
pūrī 1151	prā 1061	barha 638	**brūñ 1044**	**bhuja 1454**	bhleṣṛ 885
pūrī 1803	**prīṅ 1144**	barha 1664	brūsa1663	bhujo 1417	maki 89
			bhakṣa 1557		
pūla 528	**prīñ 1474**	barha 1769	**bhaja 998**	**bhū 1**	makha 132
pūla 1636	prīñ 1836	**bala 840**	bhaja1733	bhū 1747	makhi 133
pūṣa 675	pruṅ 957	bala 1628	bhaji 1759	**bhū 1844**	magi 148
pṛ 1258	pruḍa 324	balha 639	**bhañjo 1453**	**bhūṣa 682**	maghi 111
prṅ 1402	pruṣa 1527	balha 1770		bhūṣa 1730	maghi 160

maca 171	maśa 724	miṣu 699	**muha 1198**	mrada 767	**yujir 1444**
maci 173	maṣa 692	**miha 992**	mūṅ 967	mrucu 195	**yuñ 1479**
maṭha 332	masī 1221	mī 1824	mūtra 1909	mruñcu 193	yutṛ 31
maṭhi 263	maska 102	mīṅ 1137	**mūla 529**	mreḍṛ 293	**yudha 1173**
maḍi 272	**maha 730**	**mīñ 1476**	**mūla 1603**	mlucu 196	yupa 1235
maḍi 321	maha 1867	mīmṛ 468	mūṣa 676	mluñcu 194	yūṣa 680
maḍi 1587	**mahi 634**	**mīla 517**	mṛkṣa 664	mlecha 205	yautṛ 291
maṇa 448	mahi 1799	mīva 564	**mṛga 1900**	mlecha 1662	raka 1736
matri 1679	**mā 1062**	muca 1743	**mṛṅ 1403**	mleṭṛ 292	**rakṣa 658**
mathi 46	mākṣi 669	muci 172	**mṛjū 1066**	mlevṛ 506	rakha 136
mathe 848	**māṅ 1088**	**mucḷ 1430**	mṛjū 1848	**mlai 904**	rakhi 137
mada 1705	māṅ 1142	muja 250	**mṛda 1327**	yakṣa 1692	ragi 144
madi 13	**māna 972**	muji 251	mṛḍa 1516	**yaja 1002**	rage 785
madī 815	māna 1709	muṭa 1374	mṛṇa 1331	yata 1735	raghi 107
madī 1208	**māna 1843**	muṭa 1614	**mṛda 1515**	yatī 30	raghi 1795
	mārga 1618				
mana 1176	mārga 1846	muṭhi 265	mṛdhu 874	**yatri 1536**	**raca 1864**
manu 1471	mārja 1648	muḍa 323	**mṛśa 1425**	yabha 980	**rañja 999**
mantha 42	māhṛ 895	muḍi 275	**mṛṣa 1164**	**yama 984**	**rañja 1167**
mantha 1511	micha 1297	**muḍi 326**	mṛṣa 1849	yama 1625	**raṭa 297**
mabhra 558	miji 1756	muṇa 1334	mṛṣu 707	yamo 819	raṭa 334
maya 477	midi 1541	**muda 16**	mṝ 1492	**yasu 1210**	raṇa 445
marca 1649	midṛ 868	muda 1740	meṅ 961	**yā 1049**	raṇa 795
marba 419	mila 1364	mura 1343	medṛ 869	**yu 1033**	**rada 53**
marva 578	**mila 1429**	**murchā 212**	**medhṛ 870**	yu 1710	radha 1193
mala 493	mivi 589	murvī 575	mepṛ 371	yugi 156	rapa 401
malla 494	miśa 723	**muṣa 1530**	mevṛ 505	yucha 214	rapha 413
mava 599	**miśra 1921**	musa 1220	**mnā 929**	**yuja 1177**	raphi 414
			mrakṣa 1661		
mavya 508	**miṣa 1352**	musta 1631		yuja 1806	rabi 376

rabha 974	rī 1500	rebhṛ 385	labi 379	luṭa 1381	vakha 130
ramu 853	rīṅ 1138	revṛ 507	larba 417	luṭa 1754	vakhi 131
raya 482	**ru 1034**	reṣṛ 620	lala 1687	luṭi 328	vagi 147
ravi 596	ruṅ 959	rai 909	laṣa 888	luṭha 337	vaghi 110
rasa 713	**ruca 745**	roḍṛ 356	lasa 714	luṭha 749	**vaca 1063**
rasa 1931	ruja 1804	rauḍṛ 355	lasa 1728	**luṭha 1222**	**vaca 1842**
raha 731	rujo 1416	**lakṣa 1538**	**lā 1058**	luṭhi 343	vaja 252
raha 1627	ruṭa 747	lakṣa 1696	lākhṛ 123	luṭhi 346	vañcu 189
raha 1858	ruṭa 1783	lakha 138	**lāghṛ 113**	luṇṭha 1563	**vañcu 1703**
rahi 732	ruṭi 327	lakhi 139	lāchi 207	luthi 45	vaṭa 300
rahi 1798	ruṭha 336	laga 1737	lāja 240	lupa 1237	vaṭa 779
rā 1057	ruṭhi 345	lagi 145	lāji 241	**lupḷ 1431**	vaṭa 1857
rākhṛ 122	**rudir 1067**	**lage 786**	lābha 1936	lubi 427	vaṭa 1919
rāghṛ 112	**rudhir 1438**	**laghi 108**	**likha 1365**	lubi 1656	vaṭi 1586
rājṛ 822	rupa 1236	laghi 1760	ligi 155	**lubha 1238**	vaṭha 331
rādha 1180	ruśa 1419	laghi 1796	ligi 1739	lubha 1305	vaṭhi 262
rādha 1262	ruśi 1788	lacha 206	**lipa 1433**	**lūñ 1483**	vaḍi 271
rāsṛ 626	ruṣa 693	laja 238	liśa 1179	lūṣa 677	vaṇa 446
ri 1275	**ruṣa 1230**	laja 1920	liśa 1421	lūṣa 1610	**vada 1009**
ri 1404	ruṣa 1670	laji 239	**liha 1016**	lepṛ 373	vada 1841
rigi 154	rusi 1790	laji 1784	lī 1501	**lokṛ 76**	**vadi 11**
rica 1816	**ruha 859**	laṭa 298	**lī 1811**	lokṛ 1776	vana 462
ricir 1441	**rūkṣa 1910**	laḍa 359	**līṅ 1139**	**locṛ 164**	vana 463
ripha 1306	**rūpa 1933**	laḍa 1540	luji 1758	locṛ 1777	vana 803
rivi 595	rūṣa 678	laḍi 1800	**luñca 187**	loḍṛ 357	**vanu 1470**
riśa 1420	rekṛ 80	laḍiḥ 814	**luṭa 314**	loṣṭa 258	vabhra 557
riṣa 694	reṭṛ 864	**lapa 402**	luṭa 748	vaki 88	vaya 475
riṣa 1231	repṛ 372	labi 377	**luṭa 1222**	vaki 95	vara 1852
				vakṣa 663	

varca 162	**vicir 1442**	**vṛñ 1254**	vyuṣa1114	śabda 1714	śīka 1826
varṇa 1551	**vicha 1423**	vṛñ 1813	vyuṣa 1215	śama 1695	śīkṛ 75
varṇa 1938	vicha 1773	vṛṇa 1330	**vyeñ 1007**	**śamu 1201**	**śīṅ 1032**
vardha 1654	**vijir 1094**	**vṛtu 758**	**vraja 253**	śamo 818	śībhṛ 383
varṣa 613	viṭa 316	vṛtu 1160	vraja 1617	śamba1556	śīla 523
varha 640	vithṛ 33	vṛtu 1781	vraṇa 451	śarba 423	**śīla 1878**
vala 491	**vida 1064**	**vṛdhu 759**	vraṇa1937	śarva 585	**śuca 183**
valka1571	**vida 1171**	vṛdhu 1782	**vrī 1504**	śala 490	śucya 513
valga 143	**vida 1450**	vṛśa 1226	vrīṅ 1140	śala 843	śuṭha 341
valbha391	vida 1708	vṛṣa 1704	**vrīḍa 1126**	śalbha 390	śuṭha 1644
valla 492	**vidḷ 1432**	**vṛṣu 706**	vruḍa1393	śava 725	śuṭhi 344
valha 641	vidha 1325	vṛhū 1347	vlī 1502	śaśa 726	śuṭhi 1645
vaśa 1080	vila 1358	**vṝ 1490**	**śaṃsu 728**	śaṣa 690	**śudha 1191**
vaṣa 691	vila 1605	**vṝñ 1486**	**śaka 1187**	śasu 727	śuna 1336
vasa 1005	**viśa 1424**	**veñ 1006**	**śaki 86**	**śākhṛ 126**	**śundha 74**
					śundha 1832
vasa 1023	viṣa 1526	veṇṛ 877	**śakḷ 1261**	śāḍṛ 289	**śubha 432**
vasa 1744	viṣu 698	vethṛ 34	śaca 165	śāna 995	**śubha 750**
vasa 1942	**viṣḷ 1095**	vela 1880	śaṭa 299	**śāsu 1075**	śubha 1321
vasu 1214	viṣka1685	velṛ 535	śaṭha 340	**śikṣa 605**	śumbha 433
vaska 101	viṣka 1940	vella 540	śaṭha 1564	śighi 161	śumbha 1322
vaha 1004	**vī 1048**	veviṅ 1077	śaṭha 1691	śiji 1027	śulka 1618
vā 1050	vīra 1903	**veṣṭa 255**	śaṭha1854	śiñ 1249	śulba 1611
vākṣi 668	vṛka 92	vehṛ 643	śaḍi 279	śiṭa 303	**śuṣa 1183**
vāchi 208	vṛkṣa 604	vyaca 1293	śaṇa 797	śila 1362	śūra 1902
vāta 1882	**vṛṅ 1509**	**vyatha 764**	**śaḍḷ 855**	śiṣa 687	śūrī 1157
		vyadha 1181			
vāśṛ 1163	vṛjī 1029		śaḍḷ 1428	śiṣa 1817	śūrpa 1612
vāsa 1884	**vṛjī 1461**	**vyaya 881**	**śapa 1000**	**śiṣḷ 1451**	**śūla 526**
vāhṛ 645	**vṛjī 1812**	**vyaya 1932**	śapa 1168	śīka 1789	

śūṣa 679
śṛdhu 760
śṛdhu 873
śṛdhu 1734
śṝ 1488
śelṛ 543
śai 918
śo 1145
śoṇṛ 455
śauṭṛ 290
ścyutir 41
śmīla 518
śyaiṅ 963
śraki 84
śragi 151
śraṇa 798
śraṇa 1578
śratha 799
śratha1546
śratha 1823
śratha 1870
śrathi 35
śrantha 1510
śrantha 1512
śrantha 1837
śramu1204
śrambhu 393
śrā 810

śrā 1053
śriñ 897
śriṣu 701
śrīñ 1475
śru 942
śrai 919
śroṇṛ 456
ślaki 85
ślagi 152
ślatha 800
ślākhṛ 127
ślāghṛ 115
śliṣa 1186
śliṣa 1574
śliṣu 702
ślokṛ 77
śloṇṛ 457
śvaki 96
śvaca 166
śvaci 167
śvaṭha 1565
śvaṭha 1855
śvabhra 1623
śvarta 1622
śvala 549
śvalka 1570
śvalla 550
śvasa 1069
śvitā 742

śvidi 10
ṣage 789
ṣagha 1268
ṣaca 163
ṣaca 997
ṣañja 987
ṣaṭa 313
ṣaṭṭa 1633
ṣaṇa 464
ṣaṇu 1464
ṣaḍḷ 854
ṣaḍḷ 1427
ṣapa 400
ṣama 829
ṣamba 1555
ṣarja 225
ṣarba 424
ṣarva 586
ṣala 547
ṣasa 1078
ṣasja 202
ṣasti 1079
ṣaha 852
ṣaha 1128
ṣaha 1809
ṣāntva 1569
ṣica 1434
ṣiñ 1248

ṣiñ 1477
ṣiṭa 304
ṣidha 47
ṣidhu 1192
ṣidhū 48
ṣila 1363
ṣivu 1108
ṣu 941
ṣu 1041
ṣuñ 1247
ṣuṭṭa 1562
ṣura 1340
ṣuha 1129
ṣū 1408
ṣūṅ 1031
ṣūṅ 1132
ṣūda 25
ṣūda 1717
ṣṛbhu 430
ṣṛmbhu 431
ṣevṛ 501
ṣai 915
ṣo 1147
ṣṭaka 782
ṣṭage 790
ṣṭana 461
ṣṭabhi 386
ṣṭama 830

ṣṭigha 1265
ṣṭipṛ 364
ṣṭima 1124
ṣṭīma 1125
ṣṭuca 175
ṣṭuñ 1043
ṣṭupa 1672
ṣṭubhu 394
ṣṭepṛ 365
ṣṭai 922
ṣṭyai 911
ṣṭrakṣa 661
ṣṭhala 836
ṣṭhā 928
ṣṭhivu 560
ṣṭhivu 1110
ṣṇasu 1112
ṣṇā 1052
ṣṇiha 1200
ṣṇiha 1572
ṣṇu 1038
ṣṇusu 1111
ṣṇuha 1199
ṣṇai 923
ṣmiṅ 948
ṣvañja 976
ṣvada 18
ṣvada 1805

ṣvaṣka 100
ṣvidā 1188
saṅketa 1891
saṅgrāma 1922
satra 1906
sabhāja 1887
sādha 1263
sāma 1879
sāra 1868
sukha 1929
sūca 1873
sūtra 1908
sūrkṣa 666
sūrkṣya 509
sṛ 935
sṛ 1099
sṛja 1178
sṛja 1414
sṛpḷ 983
sekṛ 81
skandir 979
skabhi 387
skuñ 1478
skudi 9
skhada 768
skhadir 820
skhala 544
stana 1859

stṛñ 1252	smṛ 807	**hiḍi 268**	**hrī 1085**
stṛhū 1349	**smṛ 933**	hila 1361	hrīcha 210
stṝñ 1484	**syandū 761**	hivi 591	hreṣṛ 622
stena 1897	syama 1693	**hisi 1456**	hlage 788
stoma1923	syamu 826	hisi 1829	hlapa 1658
styai 910	**sraṃsu 754**	**hu 1083**	hlasa 712
sthuḍa 1388	sraki 83	huḍi 269	**hlādī 27**
sthūla 1904	**srambhu 757**	huḍi 277	hvala 805
spadi 14	srivu 1109	huḍṛ 352	hvṛ 931
spardha 3	**sru 940**	hurchā 211	hvṛ 934
spaśa 887	srekṛ 82	hula 844	**hveñ 1008**
spaśa 1680	**svana 817**	hūḍṛ 353	
spṛ 1259	svana 827	hṛ 1097	
spṛśa 1422	svara 1863	**hṛñ 899**	
spṛha 1871	svarda 19	**hṛṣa 1229**	
sphāyī 487	**svāda 28**	hṛṣu 709	
sphiṭṭa 1634	**svṛ 932**	heṭha 266	
sphuṭa 260	haṭa 312	heṭha 1532	
sphuṭa 1373	haṭha 335	heḍa 778	
sphuṭa 1722	hada 977	heḍṛ 284	
sphuṭir 329	**hana 1012**	heṣṛ 621	
sphuḍa 1391	hamma 467	hoḍṛ 285	
sphuḍi 1537	haya 512	hoḍṛ 354	
sphura 1389	harya 514	hnuṅ 1082	
sphurchā 213	hala 837	hmala 806	
sphula 1390	**hase 721**	hrage 787	
smiṭa 1573	**hi 1257**	hrasa 711	
smīla 519	hikka 861	**hrāda 26**	

Standard Alphabetical Index

We have given it in Sanskrit **Devanagari**, since a similar index is already present in iAST under the Accented Roots index.

- Indexed on Dhatu ready for Conjugation without Tag letter.
- Contains 1943 - 1 = 1942 Dhatus without Tag letters (1081 चर्करीतं च is not a Root, rather it is a Ganasutra)
- Shows Dhatu Serial Number which is unique and easily referenced in standard Dhatupathas.
- Easily locate dhatus without tag e.g. बुन्द् 876, इन्ध् 1448, श्वि 1010
- Dhatus with णो नः नत्वम् are under न e.g. नक्ष 662, नख 134
- Dhatus with षः सः सत्वम् are under स e.g. सगे 789, सघ 1268
- इदित् Dhatus are listed with the नुम् augment changed to the corresponding row-class-nasal e.g. अङ्क 87, अञ्ज 1785, अण्ठ 261
- Dhatus that have a penultimate नकार are listed with the नकार changed to the corresponding row class nasal, e.g. अञ्च् 188, तुम्प् 1311

Out of 1943 Roots, there are some 662 Dhatus that are commonly found in literature.

अंस् 1918	अन् 1070	अस् 1065	ईड् 1667	उष् 696	ओण् 454
अंह् 635	अन्त् 61	अस् 1209	ईर् 1018	उह् 739	ओलण्ड् 1542
अंह् 1797	अन्द् 62	अह् 1272	ईर् 1810	ऊन् 1888	कंस् 1024
अक् 792	अन्य् 1925	आञ्छ् 209	ईर्ष्य् 510	ऊय् 483	कक् 90
अक्ष् 654	अभ्र् 556	आप् 1260	ईर्ष् 511	ऊर्ज् 1549	कख् 120
अग् 793	अम् 465	आप् 1839	ईश् 1020	ऊर्णु 1039	कख् 784
अङ्क् 87	अम् 1720	आस् 1021	ईष् 611	ऊष् 683	कग् 791
अङ्क् 1927	अम्ब् 378	इ 1045	ईष् 684	ऊह् 648	कङ्क् 94
अङ्ग् 146	अय् 474	इ 1046	ईह् 632	ऋ 936	कच् 168
अङ्घ् 1928	अर्क् 1643	इ 1047	उ 953	ऋ 1098	कच्छ् 169
अङ्घ् 109	अर्च् 204	इख् 140	उक्ष् 657	ऋच् 1302	कट् 294
अज् 230	अर्च् 1808	इङ्घ् 141	उख् 128	ऋच्छ् 1296	कट् 320
अञ्च् 188	अर्ज् 224	इङ्घ् 153	उख् 129	ऋज् 176	कठ् 333
अञ्च् 862	अर्ज् 1725	इट् 318	उच् 1223	ऋञ्ज् 177	कड् 360
अञ्च् 1738	अर्थ् 1905	इन्द् 63	उच्छ् 216	ऋण् 1467	कड् 1380
अञ्ज् 1458	अर्द् 55	इन्ध् 1448	उच्छ् 1295	ऋध् 1245	कड्ड् 349
अञ्ज् 1785	अर्द् 1828	इन्व् 587	उज्झ् 1304	ऋध् 1271	कण् 449
अट् 295	अर्ब् 415	इल् 1357	उच्छ् 215	ऋफ् 1315	कण् 794
अट्ट् 254	अर्व् 584	इल् 1660	उच्छ् 1294	ऋम्फ् 1316	कण् 1715
अट्ट् 1561	अर्ह् 740	इष् 1127	उठ् 338	ऋष् 1287	कण्ठ् 264
अड् 358	अर्ह् 1731	इष् 1351	उध्रस् 1742	ॠ 1497	कण्ठ् 1847
अड्ड् 348	अर्ह् 1830	इष् 1525	उन्द् 1457	एज् 179	कण्ड् 282
अण् 444	अल् 515	ई 1143	उज्झ् 1303	एज् 234	कण्ड् 1582
अण् 1175	अव् 600	ईक्ष् 610	उभ् 1319	एठ् 267	कत्थ् 37
अण्ठ् 261	अश् 1264	ईङ्घ् 142	उम्म् 1320	एध् 2	कत्र् 1915
अत् 38	अश् 1523	ईज् 182	उर्द् 20	एष् 618	कथ् 1851
अद् 1011	अस् 886	ईड् 1019	उर्व् 569	ओख् 121	कन् 460

कन्द् 70	कु 951	कुप् 1779	कृष् 1286	क्लथ् 802	क्षी 1506
कन्द् 772	कु 1042	कुमार् 1877	कृ 1409	क्लन्द् 72	क्षीज् 237
कब् 380	कु 1401	कुम्ब् 426	कृ 1485	क्लन्द् 774	क्षीब् 382
कम् 443	कुंश् 1765	कुम्ब् 1655	कृ 1496	क्लम् 1207	क्षीव् 567
कम्प् 375	कुंस् 1763	कुर् 1341	कृत् 1653	क्लिद् 1242	क्षु 1036
कर्ज् 228	कुक् 91	कुर्द् 21	क्लृप् 1748	क्लिन्द् 15	क्षुद् 1443
कर्द् 59	कुच् 184	कुल् 842	केत् 1895	क्लिन्द् 73	क्षुध् 1190
कर्ब् 420	कुच् 857	कुष् 1518	केप् 368	क्लिश् 1161	क्षुभ् 751
कर्व् 581	कुच् 1368	कुस् 1218	केल् 537	क्लिश् 1522	क्षुभ् 1239
कल् 497	कुज् 199	कुस्म् 1711	कै 916	क्लीब् 381	क्षुभ् 1519
कल् 1604	कुब्ज् 185	कुह् 1901	क्रथ् 800	क्लेश् 607	क्षुर् 1344
कल् 1865	कुट् 1366	कूज् 223	क्रस् 1113	क्षण् 450	क्षेव् 568
कल्ल् 498	कुट्ट् 1558	कूट् 1701	क्रू 1480	क्षथ् 846	क्षै 913
कष् 685	कुट्ट् 1702	कूट् 1890	क्रूय् 485	क्षज्ज् 769	क्षोट् 1875
कस् 860	कुड् 1383	कूण् 1688	क्रर् 555	क्षण् 1465	क्ष्णु 1037
काङ्क्ष् 667	कुण् 1335	कूण् 1896	क्रथ् 801	क्षम् 442	क्ष्माय् 486
काश्च् 170	कुण् 1893	कूल् 525	क्रन्द् 71	क्षम् 1206	क्ष्मील् 520
काश् 647	कुण्ठ् 342	कृ 1253	क्रन्द् 773	क्षम्म् 1620	क्ष्विद् 1244
काश् 1162	कुण्ड् 270	कृ 1472	क्रन्द् 1727	क्षर् 851	क्ष्वेल् 539
कास् 623	कुण्ड् 322	कृड् 1382	क्रप् 771	क्षल् 1597	खच् 1531
कि 1101	कुण्ड् 1583	कृत् 1435	क्रम् 473	क्षि 236	खज् 232
किट् 301	कुत्स् 1697	कृत् 1447	क्री 1473	क्षि 1276	खज्ज् 233
किट् 319	कुथ् 1118	कृन्व् 598	क्रीड् 350	क्षि 1407	खट् 309
कित् 993	कुन्थ् 43	कृप् 762	क्रुञ्च् 186	क्षिण् 1466	खट्ट् 1632
किल् 1353	कुन्थ् 1514	कृप् 1869	क्रुड् 1394	क्षिप् 1121	खड् 1580
कीट् 1640	कुन्द् 1539	कृश् 1227	क्रुध् 1189	क्षिप् 1285	खण्ड् 283
कील् 524	कुप् 1233	कृष् 990	क्रुश् 856	क्षिप् 1941	खण्ड् 1581

खद् 50	गण् 1853	गुड् 1370	गृ 1498	घट् 1766	चकास् 1074
खन् 878	गण्ड् 65	गुण् 1894	गेप् 369	घट्ट् 259	चक् 93
खर्ज् 229	गण्ड् 361	गुण्ड् 1584	गेव् 502	घट्ट् 1630	चक् 783
खर्द् 60	गद् 52	गुद् 24	गेष् 614	घण्ट् 1767	चक्ष् 1595
खर्ब् 421	गद् 1860	गुध् 1120	गै 917	घस् 715	चक्ष् 1017
खर्व् 582	गन्ध् 1684	गुध् 1517	गोम् 1876	घिण्ण् 434	चञ्च् 190
खल् 545	गम् 982	गुप् 395	गोष्ट् 257	घु 952	चट् 1721
खष् 686	गर्ज् 226	गुप् 970	ग्रन्थ् 36	घुंष् 652	चण् 796
खाद् 49	गर्द् 57	गुप् 1234	ग्रन्थ् 1513	घुट् 746	चण्ड् 278
खिट् 302	गर्ब् 422	गुप् 1771	ग्रन्थ् 1825	घुट् 1385	चत् 865
खिद् 1170	गर्व् 583	गुफ् 1317	ग्रन्थ् 1838	घुण् 437	चद् 866
खिद् 1436	गर्व् 1907	गुम्फ् 1318	ग्रस् 630	घुण् 1338	चन्द् 68
खिद् 1449	गर्ह् 636	गुर् 1396	ग्रस् 1749	घुण्ण् 435	चप् 399
खुज् 200	गर्ह् 1845	गुर्द् 23	ग्रह् 1533	घुर् 1345	चह् 1626
खुण्ड् 1585	गल् 546	गुर्द् 1665	ग्राम् 1892	घुष् 653	चम् 469
खुर् 1342	गल् 1699	गुर्व् 574	ग्रुच् 197	घुष् 1726	चम् 1274
खुर्द् 22	गल्भ् 392	गुह् 896	ग्लस् 631	घूर् 1155	चम्प् 1619
खेट् 1874	गल्ह् 637	गूर् 1154	ग्लह् 651	घूर्ण् 438	चय् 478
खेल् 538	गवेष् 1883	गूर् 1694	ग्लुच् 198	घूर्ण् 1339	चर् 559
खै 912	गा 950	गृ 937	ग्लुञ्च् 201	घृ 938	चर् 1745
खोर् 552	गा 1106	गृ 1707	ग्लेप् 366	घृ 1096	चकरीतं च 1081
खोल् 551	गाध् 4	गृज् 248	ग्लेप् 370	घृ 1650	चर्च् 717
ख्या 1060	गाह् 649	गृञ्ज् 249	ग्लेव् 503	घृण् 1469	चर्च् 1299
गज् 246	गु 949	गृध् 1246	ग्लै 903	घृण्ण् 436	चर्च् 1712
गज् 1647	गु 1399	गृह् 650	घघ् 159	घृष् 708	चर्ब् 425
गञ्ज् 247	गुज् 1369	गृह् 1899	घट् 763	घ्रा 926	चर्व् 579
गड् 777	गुञ्ज् 203	गृ 1410	घट् 1723	ङु 954	चल् 812

चल् 832	चुड्ड् 347	छष् 890	जस् 1211	झप् 1624	डिप् 1677
चल् 1356	चुण्ट् 1659	छिद् 1440	जस् 1668	झा 811	डी 968
चल् 1608	चुण्ड् 325	छिद्र् 1924	जस् 1718	झा 1507	डी 1135
चष् 889	चुद् 1592	छुट् 1378	जागृ 1072	झा 1732	ढौक् 98
चह् 729	चुप् 403	छुप् 1418	जि 561	ज्या 1499	तंस् 1729
चह् 1866	चुम्ब् 429	छुर् 1372	जि 946	ज्यु 956	तक् 117
चाय् 880	चुम्ब् 1635	छृद् 1445	जि 1793	ज्रि 947	तक्ष् 655
चि 1251	चुर् 1534	छृद् 1820	जिन्व् 594	ज्रि 1815	तक्ष् 665
चि 1629	चुल् 1602	छेद् 1934	जिरि 1278	ज्वर् 776	तङ्क् 118
चि 1794	चुल्ल् 531	छो 1146	जिष् 697	ज्वल् 804	तञ्ज् 149
चिट् 315	चूर् 1158	जंस् 1666	जीव् 562	ज्वल् 831	तञ्च् 191
चित् 39	चूर्ण् 1552	जक्ष् 1071	जुङ् 157	झट् 306	तञ्च् 1459
चित् 1673	चूर्ण् 1641	जज् 242	जुड् 1326	झम् 472	तट् 308
चित्र् 1917	चूष् 673	जज्झ् 243	जुड् 1379	झर्झ् 718	तड् 1579
चिन्त् 1535	चृत् 1324	जट् 305	जुड् 1646	झर्झ् 1300	तड् 1801
चिरि 1277	चेल् 536	जन् 1105	जुत् 32	झष् 689	तण्ड् 280
चिल् 1355	चेष्ट् 256	जन् 1149	जुष् 1288	झष् 891	तन् 1463
चिल्ल् 533	च्यु 955	जप् 397	जुष् 1834	झॄ 1131	तन् 1840
चीक् 1827	च्यु 1746	जम् 471	जूर् 1156	टङ्क् 1638	तन्त्र् 1678
चीभ् 384	च्युत् 40	जभ् 388	जूष् 681	टल् 834	तप् 985
चीव् 879	छज्झ् 1621	जम्भ् 1716	जृम्भ् 389	टिक् 103	तप् 1159
चीव् 1774	छद् 813	जर्ज् 716	जृ 1130	टीक् 104	तप् 1818
चुक्क् 1596	छद् 1833	जर्ज् 1298	जृ 1494	द्वल् 835	तम् 1202
चुट् 1377	छद् 1935	जल् 833	जृ 1814	डप् 1676	तय् 479
चुट् 1613	छन्द् 1577	जल् 1543	जेष् 616	डिप् 1232	तर्क् 1780
चुट्ट् 1560	छम् 470	जल्प् 398	जेह् 644	डिप् 1371	तर्ज् 227
चुड् 1392	छर्द् 1589	जष् 688	जै 914	डिप् 1671	तर्ज् 1681

तर्द् 58	तुद् 1281	तृप् 1195	त्वक्ष् 656	दह् 991	दृ 1280
तल् 1598	तुप् 404	तृप् 1307	त्वञ्ज् 150	दा 930	दृ 1411
तस् 1212	तुप् 1309	तृप् 1819	त्वच् 1301	दा 1059	दृंह् 734
ताय् 489	तुफ् 408	तृम्फ् 1308	त्वक्ष् 192	दा 1091	दृप् 1196
तिक् 105	तुफ् 1311	तृष् 1228	त्वर् 775	दान् 994	दृप् 1313
तिक् 1266	तुभ् 753	तृंह् 1348	त्विष् 1001	दाश् 882	दृभ् 1323
तिग् 1267	तुभ् 1241	तृंह् 1455	त्सर् 554	दाश् 1279	दृभ् 1821
तिज् 971	तुभ् 1521	तृ 969	थुड् 1387	दास् 894	दृभ् 1822
तिज् 1652	तुम्म् 405	तेज् 231	थुर्व् 571	दिन्व् 592	दृम्फ् 1314
तिप् 362	तुम्म् 1310	तेप् 363	दंश् 989	दिव् 1107	दृश् 988
तिम् 1123	तुम्फ् 409	तेव् 499	दंश् 1674	दिव् 1706	दृह् 733
तिल् 534	तुम्फ् 1312	त्यज् 986	दंश् 1764	दिव् 1724	दृ 808
तिल् 1354	तुम्ब् 428	त्रंस् 1761	दंस् 1675	दिश् 1283	दृ 1493
तिल् 1607	तुम्ब् 1657	त्रक्ष् 660	दंस् 1786	दिह् 1015	दे 962
तीक् 106	तुर् 1102	त्रङ्क् 97	दक्ष् 608	दी 1134	देव् 500
तीर् 1912	तुर्व् 570	त्रन्द् 69	दक्ष् 770	दीक्ष् 609	दै 924
तीव् 565	तुल् 1599	त्रप् 374	दघ् 1273	दीधी 1076	दो 1148
तुज् 244	तुष् 1184	त्रस् 1117	दण्ड् 1926	दीप् 1150	द्यु 1040
तुञ्ज् 245	तुस् 710	त्रस् 1741	दद् 17	दु 944	द्युत् 741
तुञ्ज् 1566	तुह् 737	त्रुट् 1375	दघ् 8	दु 1256	द्यै 905
तुञ्ज् 1755	तूण् 1689	त्रुट् 1698	दम् 1203	दुःख 1930	द्रम् 466
तुट् 1376	तूर् 1152	त्रुप् 406	दम्भ् 1270	दुर्व् 572	द्रा 1054
तुड् 351	तूल् 527	त्रुफ् 410	दय् 481	दुल् 1600	द्राख् 124
तुड् 1386	तूष् 674	त्रुम्प् 407	दरिद्रा 1073	दुष् 1185	द्राघ् 114
तुण् 1332	तृंह् 1350	त्रुम्फ् 411	दल् 548	दुह् 738	द्राङ्क्ष् 670
तुण्ड् 276	तृक्ष् 660	त्रै 965	दल् 1751	दुह् 1014	द्राड् 287
तुत्थ् 1943	तृण् 1468	त्रौक् 99	दस् 1213	दू 1133	द्राह् 646
	तृद् 1446				

द्रु 945	धृ 900	ध्वन् 816	नाथ् 6	पक्ष् 1550	पष् 1862
द्रुण 1337	धृ 960	ध्वन् 828	नाध् 7	पच् 996	पा 925
द्रुह् 1197	धृ 1412	ध्वन् 1889	नास् 625	पछ् 174	पा 1056
द्रू 1481	धृज् 219	ध्वाङ्क्ष् 672	निंस् 1025	पछ् 1651	पार् 1911
द्रेक् 78	धृञ्ज् 220	ध्वृ 939	निक्ष् 659	पट् 296	पाल् 1609
द्रै 906	धृष् 1269	नक्क् 1593	निज् 1093	पट् 1752	पि 1405
द्विष् 1013	धृष् 1850	नक्ष् 662	निञ्ज् 1026	पट् 1856	पिंस् 1762
धक्क् 1594	धे 902	नख् 134	निद् 871	पठ् 330	पिच्छ् 1576
धन् 1104	धेक् 1914	नङ्घ् 135	निन्द् 66	पण् 439	पिञ्ज् 1028
धन्व् 597	धोर् 553	नट् 310	निन्व् 590	पण्ड् 281	पिञ्ज् 1567
धा 1092	ध्मा 927	नट् 781	निल् 1360	पण्ड् 1615	पिञ्ज् 1757
धाव् 601	ध्यै 908	नट् 1545	निवास् 1885	पत् 845	पिट् 311
धि 1406	ध्रज् 217	नट् 1791	निश् 722	पत् 1861	पिठ् 339
धिक्ष् 603	ध्रझ् 218	नद् 54	निष्क् 1686	पथ् 847	पिण्ड् 274
धिन्व् 593	ध्रण् 459	नद् 1778	नी 901	पद् 1169	पिण्ड् 1669
धिष् 1103	ध्रस् 1524	नन्द् 67	नील् 522	पद् 1898	पिन्व् 588
धी 1136	ध्राख् 125	नभ् 752	नीव् 566	पन् 440	पिश् 1437
धु 1255	ध्राङ्क् 671	नभ् 1240	नु 1035	पन्थ् 1575	पिष् 1452
धुक्ष् 602	ध्राड् 288	नभ् 1520	नुद् 1282	पय् 476	पिस् 719
धुर्व् 573	ध्रु 943	नम् 981	नुद् 1426	पर्ण् 1939	पिस् 1568
धू 1398	ध्रु 1400	नय् 480	नृ 1397	पर्द् 29	पी 1141
धू 1487	ध्रेक् 79	नर्द् 56	नृत् 1116	पर्प् 412	पीड् 1544
धू 1835	ध्रै 907	नल् 838	नृ 809	पर्ब् 416	पील् 521
धूप् 396	ध्वंस् 755	नल् 1802	नृ 1495	पर्व् 577	पीव् 563
धूप् 1772	ध्वज् 221	नश् 1194	नेद् 872	पल् 839	पुंस् 1637
धूर् 1153	ध्वझ् 222	नस् 627	नेष् 617	पल्पूल् 1881	पुट् 1367
धूस् 1639	ध्वण् 453	नह् 1166	पंस् 1616	पश् 1719	पुट् 1753

पुट्ट् 1913	पृ 1258	प्री 1836	बर्ह् 638	बृह् 735	भिक्ष् 606
पुड्ड् 1559	पृ 1402	प्रु 957	बर्ह् 1664	ब्रू 1044	भिद् 1439
पुड्ड् 1384	पृच् 1030	प्रुड्ड् 324	बर्ह् 1769	ब्रूस् 1663	भी 1084
पुण् 1333	पृच् 1462	प्रुष् 703	बल् 840	भक्ष् 1557	भुज् 1417
पुण्ट् 1792	पृच् 1807	प्रुष् 1527	बल् 1628	भज् 998	भुज् 1454
पुथ् 1119	पृड्ड् 1328	प्रेष् 619	बल्ह् 639	भज् 1733	भू 1
पुथ् 1775	पृण् 1329	प्रोथ् 867	बल्ह् 1770	भञ्ज् 1453	भू 1747
पुन्थ् 44	पृथ् 1554	ल्रिह् 642	बष्क् 1916	भञ्ज् 1759	भू 1844
पुर् 1346	पृष् 705	ल्री 1503	बस्त् 1683	भट् 307	भूष् 682
पुर्व् 576	पृ 1086	ल्रु 958	बाड्ड् 286	भट् 780	भूष् 1730
पुल् 841	पृ 1489	ल्रुष् 704	बाध् 5	भण् 447	भृ 898
पुल् 1601	पृ 1548	ल्रुष् 1115	बिट्ट् 317	भण्ड् 273	भृ 1087
पुष् 700	पेल् 541	ल्रुष् 1216	बिन्द् 64	भण्ड् 1588	भृंश् 1787
पुष् 1182	पेव् 504	ल्रुष् 1528	बिल् 1359	भन्द् 12	भृज् 178
पुष् 1529	पेष् 615	प्सा 1055	बिल् 1606	भर्त्स् 1682	भृड्ड् 1395
पुष् 1750	पेस् 720	फक्क् 116	बिस् 1217	भर्व् 580	भृश् 1224
पुष्प् 1122	पै 920	फण् 821	बुक्क् 119	भल् 495	भृ 1491
पुस्त् 1590	पैण् 458	फल् 516	बुक्क् 1713	भल् 1700	भेष् 883
पू 966	प्याय् 488	फल् 530	बुञ्ज् 158	भल्ल् 496	भ्यस् 628
पू 1482	प्यै 964	फुल्ल् 532	बुध् 858	भष् 695	भ्रंश् 1225
पूज् 1642	प्रच्छ् 1413	फेल् 542	बुध् 875	भस् 1100	भ्रंस् 756
पूय् 484	प्रथ् 765	बंह् 633	बुध् 1172	भा 1051	भ्रक्ष् 892
पूर् 1151	प्रथ् 1553	बद् 51	बुन्द् 876	भाज् 1886	भ्रण् 452
पूर् 1803	प्रस् 766	बध् 973	बुस् 1219	भाम् 441	भ्रम् 850
पूल् 528	प्रा 1061	बध् 1547	बुस्त् 1591	भाम् 1872	भ्रम् 1205
पूल् 1636	प्री 1144	बन्ध् 1508	बृंह् 736	भाष् 612	भ्रस्ज् 1284
पूष् 675	प्री 1474	बर्ब् 418	बृंह् 1768	भास् 624	भ्राज् 181

भ्राज् 823	मद् 1208	मा 1142	मील् 517	मृष् 676	म्लुच् 196
भ्राश 824	मद् 1705	माङ्क् 669	मीव् 564	मृ 1403	म्लुच्छ् 194
श्री 1505	मन् 1176	मान् 972	मुच् 1430	मृक्ष् 664	म्लेच्छ् 205
भ्रूण 1690	मन् 1471	मान् 1709	मुच् 1743	मृग् 1900	म्लेच्छ् 1662
भ्रेज् 180	मन्त्र् 1679	मान् 1843	मुज् 250	मृज् 1066	म्लेट् 292
		(मार्ग् 1618)			
भ्रेष् 884	मन्थ् 42	मार्ग् 1846	मुच्छ् 172	मृज् 1848	म्लेव् 506
भ्लक्ष 893	मन्थ् 46	मार्ज् 1648	मुज्ज् 251	मृड् 1327	म्है 904
भ्लाश 825	मन्थ् 1511	माह् 895	मुट् 1374	मृड् 1516	यक्ष् 1692
भ्लेष् 885	मन्द् 13	मि 1250	मुट् 1614	मृण् 1331	यज् 1002
मंह् 634	मभ्र् 558	मिच्छ् 1297	मुड् 323	मृद् 1515	यत् 30
मंह् 1799	मय् 477	मिज्ञ् 1756	मुण् 1334	मृध् 874	यत् 1735
मख् 132	मर्च् 1649	मिद् 743	मुण्ठ् 265	मृश् 1425	यन्त्र् 1536
मङ्क् 89	मर्ब् 419	मिद् 868	मुण्ड् 275	मृष् 707	यभ् 980
मङ्ह् 133	मर्व् 578	मिद् 1243	मुण्ड् 326	मृष् 1164	यम् 819
मज्ञ् 148	मल् 493	मिन्द् 1541	मुद् 16	मृष् 1849	यम् 984
मड्ड् 111	मल्ल् 494	मिन्व् 589	मुद् 1740	मॄ 1492	यम् 1625
मड्ड् 160	मव् 599	मिल् 1364	मुर् 1343	मे 961	यस् 1210
मच् 171	मव्य् 508	मिल् 1429	मुर्छ् 212	मेद् 869	या 1049
मच्छ् 173	मश् 724	मिश् 723	मुर्व् 575	मेध् 870	याच् 863
मठ् 332	मष् 692	मिश्र् 1921	मुष् 1530	मेप् 371	यु 1033
मण् 448	मस् 1221	मिष् 699	मुस् 1220	मेव् 505	यु 1479
मण्ठ् 263	मस्क् 102	मिष् 1352	मुस्त् 1631	म्ना 929	यु 1710
मण्ड् 272	मस्ज् 1415	मिह् 992	मुह् 1198	म्रक्ष् 1661	युञ् 156
मण्ड् 321	मह् 730	मी 1137	मू 967	म्रद् 767	युच्छ् 214
मण्ड् 1587	मह् 1867	मी 1476	मूत्र् 1909	म्रुच् 195	युज् 1177
मथ् 848	मा 1062	मी 1824	मूल् 529	म्रुच्छ् 193	युज् 1444
मद् 815	मा 1088	मीम् 468	मूल् 1603	म्रेड् 293	युज् 1806

युत् 31	रभ् 974	री 1138	रेट् 864	लड् 1540	ली 1501
युध् 1173	रम् 853	री 1500	रेप् 372	लण्ड् 1800	ली 1811
युप् 1235	रम्फ् 414	रु 959	रेभ् 385	लप् 402	लुब्ध् 187
यूष् 680	रम्ब् 376	रु 1034	रेव् 507	लभ् 975	लुञ्ज् 1758
यौट् 291	रय् 482	रुंश् 1788	रेष् 620	लम्ब् 377	लुट् 314
रंह् 732	रस् 713	रुंस् 1790	रै 909	लम्ब् 379	लुट् 748
रंह् 1798	रस् 1931	रुच् 745	रोड् 356	लर्ब् 417	लुट् 1222
रक् 1736	रह् 731	रुज् 1416	रौड् 355	लल् 1687	लुट् 1381
रक्ष् 658	रह् 1627	रुज् 1804	लक्ष् 1538	लष् 888	लुट् 1754
रख् 136	रह् 1858	रुट् 747	लक्ष् 1696	लस् 714	लुठ् 337
रग् 785	रा 1057	रुट् 1783	लख् 138	लस् 1728	लुठ् 749
रङ्घ् 137	राख् 122	रुठ् 336	लग् 786	लस्ज् 1291	लुठ् 1222
रञ्ज् 144	राघ् 112	रुण्ट् 327	लग् 1737	ला 1058	लुण्ट् 328
रट्ट् 107	राज् 822	रुण्ठ् 345	लघ् 139	लाख् 123	लुण्ठ् 343
रट्ट् 1795	राध् 1180	रुद् 1067	लङ्घ् 145	लाघ् 113	लुण्ठ् 346
रच् 1864	राध् 1262	रुध् 1174	लछ् 108	लाज् 240	लुण्ठ् 1563
रञ्ज् 999	रास् 626	रुध् 1438	लछ् 1760	लाञ्छ् 207	लुन्थ् 45
रञ्ज् 1167	रि 1275	रुप् 1236	लछ् 1796	लाञ्ज् 241	लुप् 1237
रट् 297	रि 1404	रुश् 1419	लच्छ् 206	लाभ् 1936	लुप् 1431
रट् 334	रिङ्ग् 154	रुष् 693	लज् 238	लिख् 1365	लुभ् 1238
रण् 445	रिच् 1441	रुष् 1230	लज् 1290	लिङ्ग् 155	लुभ् 1305
रण् 795	रिच् 1816	रुष् 1670	लज् 1920	लिङ्ग् 1739	लुम्ब् 427
रद् 53	रिन्व् 595	रुह् 859	लञ्ज् 239	लिप् 1433	लुम्ब् 1656
रध् 1193	रिफ् 1306	रूक्ष् 1910	लञ्ज् 1784	लिश् 1179	लू 1483
रन्व् 596	रिश् 1420	रूप् 1933	लट् 298	लिश् 1421	लूष् 677
रप् 401	रिष् 694	रूष् 678	लड् 359	लिह् 1016	लूष् 1610
रफ् 413	रिष् 1231	रेक् 80	लड् 814	ली 1139	लेप् 373
					लोक् 76

लोक् 1776	वद् 1841	वस् 1214	विल् 1605	वृ 1486	ब्री 1504
लोच् 164	वन् 462	वस् 1744	विश् 1424	वृ 1490	ब्रीड् 1126
लोच् 1777	वन् 463	वस् 1942	विष् 698	वे 1006	ब्रुड् 1393
लोड् 357	वन् 803	वस्क् 101	विष् 1095	वेण् 877	ह्री 1502
लोष्ट् 258	वन् 1470	वह् 1004	विष् 1526	वेथ् 34	शंस् 629
वक्ष् 663	वन्द् 11	वा 1050	विष्क् 1685	वेप् 367	शंस् 728
वख् 130	वप् 1003	वाड्ड् 668	विष्क् 1940	वेल् 535	शक् 1187
वङ्क् 88	वभ्र् 557	वाञ्छ् 208	वी 1048	वेल् 1880	शक् 1261
वङ्ग् 95	वम् 849	वात् 1882	वीर् 1903	वेल्ल् 540	शङ्क् 86
वङ्घ् 131	वय् 475	वाश् 1163	वृ 1254	वेवी 1077	शच् 165
वज् 147	वर् 1852	वास् 1884	वृ 1509	वेष्ट् 255	शट् 299
वज्ज् 110	वर्च् 162	वाह् 645	वृ 1813	वेह् 643	शठ् 340
वच् 1063	वर्ण् 1551	विच् 1442	वृक् 92	वै 921	शठ् 1564
वच् 1842	वर्ण् 1938	विच्छ् 1423	वृक्ष् 604	व्यच् 1293	शठ् 1691
वज् 252	वर्ध् 1654	विच्छ् 1773	वृज् 1029	व्यथ् 764	शठ् 1854
वञ्च् 189	वर्ष् 613	विज् 1094	वृज् 1461	व्यध् 1181	शण् 797
वञ्च् 1703	वर्ह् 640	विज् 1289	वृज् 1812	व्यय् 881	शण्ड् 279
वट् 300	वल् 491	विज् 1460	वृण् 1330	व्यय् 1932	शद् 855
वट् 779	वल्क् 1571	विट् 316	वृत् 758	व्युष् 1114	शद् 1428
वट् 1857	वल्ग् 143	विथ् 33	वृत् 1160	व्युष् 1215	शप् 1000
वट् 1919	वल्भ् 391	विद् 1064	वृत् 1781	व्ये 1007	शप् 1168
वठ् 331	वल्ल् 492	विद् 1171	वृध् 759	व्रज् 253	शब्द् 1714
वण् 446	वल्ह् 641	विद् 1432	वृध् 1782	व्रज् 1617	शम् 818
वण्ट् 1586	वश् 1080	विद् 1450	वृश् 1226	व्रण् 451	शम् 1201
वण्ठ् 262	वष् 691	विद् 1708	वृष् 706	व्रण् 1937	शम् 1695
वण्ड् 271	वस् 1005	विध् 1325	वृष् 1704	व्रश्च् 1292	शम्ब् 1556
वद् 1009	वस् 1023	विल् 1358	वृह् 1347	व्री 1140	शर्ब् 423

शर्व् 585	शील् 523	श्रध् 873	श्रि 897	श्वित् 742	सर्व् 586
शल् 490	शील् 1878	श्रध् 1734	श्रिष् 701	श्विन्द् 10	सल् 547
शल् 843	शुच् 183	शृ 1488	श्री 1475	ष्विव् 560	सस् 1078
शल्भ् 390	शुच् 1165	शेल् 543	श्रु 942	ष्विव् 1110	सस्ज् 202
शव् 725	शुच्य् 513	शै 918	श्रे 919	घ्वष्क् 100	सह् 852
शश् 726	शुठ् 341	शो 1145	श्रोण् 456	संस्त् 1079	सह् 1128
षष् 690	शुठ् 1644	शोण् 455	श्लङ्क् 85	सग् 789	सह् 1809
शस् 727	शुण्ठ् 344	शौट् 290	श्लङ्ग् 152	सघ् 1268	साध् 1263
शाख् 126	शुण्ठ् 1645	श्युत् 41	श्लथ् 800	सङ्केत् 1891	सान्त्व् 1569
शाड् 289	शुध् 1191	श्मील् 518	श्लाख् 127	सङ्ग्राम् 1922	साम् 1879
शान् 995	शुन् 1336	श्यै 963	श्लाघ् 115	सच् 163	सार् 1868
शास् 1022	शुन्ध् 74	श्रङ्क् 84	श्लिष् 702	सच् 997	सि 1248
शास् 1075	शुन्ध् 1832	श्रन्न् 151	श्लिष् 1186	सज्ज् 987	सि 1477
शि 1249	शुभ् 432	श्रण् 798	श्लिष् 1574	सट् 313	सिच् 1434
शिक्ष् 605	शुभ् 750	श्रण् 1578	श्लोक् 77	सट् 1633	सिट् 304
शिङ्ग् 161	शुभ् 1321	श्रथ् 799	श्लोण् 457	सत्र् 1906	सिध् 47
शिङ्ग् 1027	शुम्भ् 433	श्रथ् 1546	श्वङ्क् 96	सद् 854	सिध् 48
शिट् 303	शुम्भ् 1322	श्रथ् 1823	श्वच् 166	सद् 1427	सिध् 1192
शिल् 1362	शुल्क् 1618	श्रथ् 1870	श्वञ्च् 167	सद् 1831	सिल् 1363
शिष् 687	शुल्ब् 1611	श्रन्थ् 35	श्वठ् 1565	सन् 464	सिव् 1108
शिष् 1451	शुष् 1183	श्रन्थ् 1510	श्वठ् 1855	सन् 1464	सु 941
शिष् 1817	शूर् 1157	श्रन्थ् 1512	श्वभ्र् 1623	सप् 400	सु 1041
शी 1032	शूर् 1902	श्रन्थ् 1837	श्वर्त् 1622	सभाज् 1887	सु 1247
शीक् 75	शूर्प् 1612	श्रम् 1204	श्वल् 549	सम् 829	सुख् 1929
शीक् 1789	शूल् 526	श्रम्भ् 393	श्वल्क् 1570	सम्ब् 1555	सुट् 1562
शीक् 1826	शूष् 679	श्रा 810	श्वल्ल् 550	सर्ज् 225	सुर् 1340
शीभ् 383	श्रध् 760	श्रा 1053	श्वस् 1069	सर्ब् 424	सुह् 1129
			श्वि 1010		

सू 1031	स्तक् 782	स्थूल् 1904	स्फूर्ज् 235	स्वृ 932	ह्र 1097
सू 1132	स्तग् 790	स्रस् 1112	स्मि 948	हट् 312	हृष् 709
सू 1408	स्तन् 461	स्ना 1052	स्मिट् 1573	हठ् 335	हृष् 1229
सूच् 1873	स्तन् 1859	स्निह् 1200	स्मील् 519	हद् 977	हेठ् 266
सूत्र 1908	स्तम् 830	स्निह् 1572	स्मृ 807	हन् 1012	हेठ् 1532
सूद् 25	स्तम्भ् 386	स्नु 1038	स्मृ 933	हम्म् 467	हेड् 284
सूद् 1717	स्तिघ् 1265	स्नुस् 1111	स्यन्द् 761	हय् 512	हेड् 778
सूर्क्ष् 666	स्तिप् 364	स्नुह् 1199	स्यम् 826	हर्य् 514	हेष् 621
सूर्य् 509	स्तिम् 1124	स्नै 923	स्यम् 1693	हल् 837	होड् 285
सृ 935	स्तीम् 1125	स्पन्द् 14	स्रंस् 754	हस् 721	होड् 354
सृ 1099	स्तु 1043	स्पर्ध् 3	स्रक्क् 83	हा 1089	ह्लु 1082
सृज् 1178	स्तुच् 175	स्पश् 887	स्रम्भ् 757	हा 1090	ह्मल् 806
सृज् 1414	स्तुप् 1672	स्पश् 1680	स्रिव् 1109	हि 1257	ह्रग् 787
सृप् 983	स्तुभ् 394	स्पृ 1259	स्रु 940	हिंस् 1456	ह्रस् 711
सृभ् 430	स्तृ 1252	स्पृश् 1422	स्रेक् 82	हिंस् 1829	ह्राद् 26
सृम्भ् 431	स्तृह् 1349	स्पृह् 1871	स्वज्ञ् 976	हिक्क् 861	ह्री 1085
सेक् 81	स्तृ 1484	स्फाय् 487	स्वद् 18	हिण्ड् 268	ह्रीच्छ् 210
सेव् 501	स्तेन् 1897	स्फिट्ट् 1634	स्वद् 1805	हिन्व् 591	हेष् 622
सै 915	स्तेप् 365	स्फुट् 260	स्वन् 817	हिल् 1361	ह्लग् 788
सो 1147	स्तै 922	स्फुट् 329	स्वन् 827	हु 1083	ह्लप् 1658
स्कन्द् 979	स्तोम् 1923	स्फुट् 1373	स्वप् 1068	हुड् 352	ह्लस् 712
स्कम्भ् 387	स्त्यै 910	स्फुट् 1722	स्वर् 1863	हुण्ड् 269	ह्लाद् 27
स्कु 1478	स्त्यै 911	स्फुड् 1391	स्वर्द् 19	हुण्ड् 277	ह्वल् 805
स्कुन्द् 9	स्रक्ष् 661	स्फुण्ड् 1537	स्वाद् 28	हुर्छ् 211	ह्वृ 931
स्खद् 768	स्थल् 836	स्फुर् 1389	स्विद् 744	हुल् 844	ह्वृ 934
स्खद् 820	स्था 928	स्फुर्छ् 213	स्विद् 978	हूड् 353	ह्वे 1008
स्खल् 544	स्थुड् 1388	स्फुल् 1390	स्विद् 1188	ह 899	

References

Author	Title	Year	Ed	Publisher
Jaya Shankar Lal Tripathi	kāśikā nyāsa-padamañjarī-bhāvabodhinī-sahitā Vol 9	1994	1st	Tara Book Agency, Varanasi
O. K. Munshi	Dhaturupaprapanca Vol I & II	2006	1st	University of Calicut, Calicut
Muni Lavanya Vijaya Suri	dhāturatnākaraḥ Vol I	2006	1st	Rashtriya Sanskrit Sansthan, New Delhi
Harekanta Mishra	bṛhaddhātukusumākaraḥ	2007	1st	Chaukhamba Sanskrit Pratishthan, Delhi
Vijaypal Vidyavaridhi	mādhavīyā dhātuvṛttiḥ	2009	2nd	Ram Lal Kapoor Trust, Sonipat
Yudhisthir Mimansak	saṃskṛta dhātu koṣaḥ	2009	1st	Ram Lal Kapoor Trust, Sonipat
Pushpa Dikshit	pāṇinīyadhātupāṭhaḥ sārthaḥ	2011	1st	Samskrita Bharati, New Delhi
Pushpa Dikshit	aṣṭādhyāyī sahajabodha Vol 1, 2, 3	2017	3rd	Pratibha Prakashan, Delhi
Govind Acharya	vaiyākaraṇasiddhāntakaumudī - mūlamātram	2015	1st	Chaukhamba Surbharati Prakashan, Varanasi
Ashwini Kumar Aggarwal	Dhatupatha of Panini	2017	1st	Devotees of Sri Sri Ravi Shankar Ashram, Punjab
Ashwini Kumar Aggarwal	Dhatupatha Dhatukosha	2020	1st	Devotees of Sri Sri Ravi Shankar Ashram, Punjab
Ashwini Kumar Aggarwal	Dhatupatha Verbs in 10 Lakaras Vol I II III	2024	1st	Devotees of Sri Sri Ravi Shankar Ashram, Punjab

Online Links

https://sanskrit.uohyd.ac.in/   https://www.sanskritworld.in/
https://ashtadhyayi.com/
https://www.ashtangayoga.info/philosophy/sanskrit-and-devanagari/transliteration-tool/

Epilogue

The Dhatupatha is Panini's library of Sounds that serves as input to the Ashtadhyayi program. Its intelligent, concise and exemplary coding is regarded in awe by foremost programmers of today and has stood its ground over 2500 years.

sarve bhavantu sukhinaḥ ၊ sarve santu nirāmayāḥ ၊

sarve bhadrāṇi paśyantu ၊ mā kaścid duḥkha bhāg bhavet ॥

oṃ śāntiḥ śāntiḥ śāntiḥ ॥

When faith has blossomed in life, Every step is led by the Divine.
Sri Sri Ravi Shankar

Om Namah Shivaya

जय गुरुदेव

www.ingramcontent.com/pod-product-compliance
Lightning Source LLC
LaVergne TN
LVHW020333200726
843507LV00012B/2344